陕西省考古研究院田野考古报告　第102号

梁带村芮国墓地

——2009年度发掘报告

陕 西 省 考 古 研 究 院
渭南市文物保护考古研究中心　　编著
韩 城 市 景 区 管 理 委 员 会

文物出版社

图书在版编目（CIP）数据

梁带村芮国墓地：2009年度发掘报告 / 陕西省考古
研究院, 渭南市文物保护考古研究中心, 韩城市景区管理
委员会编著. -- 北京：文物出版社, 2025.2. -- ISBN
978-7-5010-8649-8

Ⅰ. K878.85

中国国家版本馆CIP数据核字第20245RP899号

Liángdàicūn Ruìgúo Mùdì

梁带村芮国墓地
——2009年度发掘报告

编　　著：陕西省考古研究院
　　　　　渭南市文物保护考古研究中心
　　　　　韩城市景区管理委员会

责任编辑：黄　曲
封面设计：程星涛
责任印制：张　丽

出版发行：文物出版社
社　　址：北京市东城区东直门内北小街2号楼
邮　　编：100007
网　　址：http://www.wenwu.com
邮　　箱：wenwu1957@126.com
经　　销：新华书店
印　　刷：天津裕同印刷有限公司
开　　本：889mm×1194mm　1/16
印　　张：19.5　插页1
版　　次：2025年2月第1版
印　　次：2025年2月第1次印刷
书　　号：ISBN 978-7-5010-8649-8
定　　价：320.00元

Field Archaeological Report No.102, Shaanxi Academy of Archaeology

Cemetery of Rui State at Liangdai Village

An Excavation Report of 2009

(With an English Abstract)

by

Shaanxi Academy of Archaeology
Weinan Municipal Institute of Cultural Relics Conservation and Archaeology
Hancheng Scenic Area Management Committee

Cultural Relics Press

目　录

插图目录

图版目录

第一章 绪 论

第一节 地理环境与墓地位置

韩城市位于陕西省东部黄河西岸，关中盆地的东北隅与陕北黄土高原的过渡带，地处秦晋咽喉，北接宜川县，西靠黄龙县，南邻合阳县，东临黄河，与山西省乡宁、河津、万荣等县市隔河相望。韩城西南距西安市区约 240 千米，境跨北纬 35°18′50″~35°52′08″ 与东经 110°07′19″~110°37′24″，全境南北长 50.7 千米，东西宽 42.4 千米，总面积 1621 平方千米。

韩城地势西北高，东南低，依山傍水。地形以山地丘陵为主，沉积黄土带沿山势南北向分布，北起龙门，延展进入合阳县境。西部山区多为梁状山岭，一般海拔 900 米以上。中部浅山区多为黄土丘陵，海拔 600~900 米。东部黄土台塬，一般海拔 400~600 米，受凿开河、盘河、濊水、芝水等黄河支流的侵蚀，地表被切割成沟壑相隔的台塬地貌，自南向北排列着马陵庄塬、高门塬、苏东塬等。濊水下游川道和黄河滩地，多在海拔 400 米以下。

梁带村墓地处于韩城市区东北 7 千米处黄河西岸的二级台地上（图版一，1）[1]，地势平坦，南邻梁带村，东北为化石村，墓地东部有一流向黄河的冲沟（图一）。

2008 年 12 月，由陕西省考古研究院、渭南市文物保护考古研究所和韩城市景区管理委员会共同组成的韩城考古队，对梁带村两周时期墓葬进行了第三次抢救性发掘，共发掘大型墓葬 2 座、中型墓葬 1 座、小型墓葬 24 座。整个发掘工作于 2008 年 12 月开始，至 2010 年 2 月结束，实际工作 12 个月。

第二节 墓地的勘探

梁带村墓地的勘探工作始于 2005 年 4 月 25 日，首先在已发现的一号车马坑（K1）周边展开。工作范围即为后来划定的 I 区南部，面积为 37200 平方米。限于当时墓地周边地区的治安形势，勘探工作时断时续，至 7 月 19 日结束，历时近 3 个月。此次勘探主要收获是发现并确认了 117 座墓葬及具体位置、规模以及个别墓葬内的随葬品。除 8 座为明清时期墓葬外，其余 109 座墓葬均为两周时期墓葬。除 4 座带有墓道的大型墓葬之外，其余 105 座墓葬中的大部分墓葬为竖穴土坑墓，不带墓道。

[1] 参见陕西省考古研究所、渭南市文物保护考古研究所、韩城市文物旅游局：《陕西韩城梁带村遗址 M19 发掘简报》，《考古与文物》2007 年第 2 期。

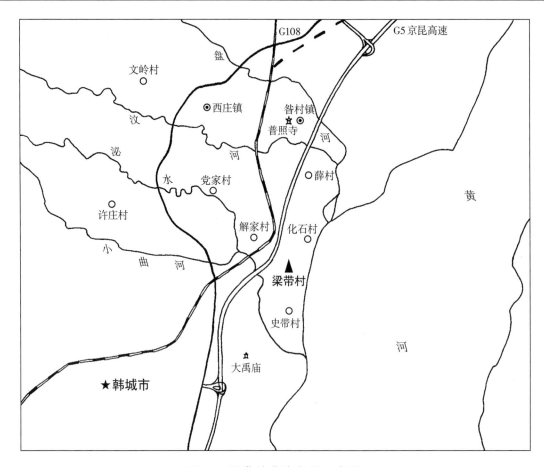

图一　梁带村墓地位置示意图

　　2006年3月至7月，历时5个月，又对整个墓地北部进行了大面积的勘探，共发现两周时期墓葬1181座，其中大型墓葬3座、中小型墓葬1178座。至此，考古队基本搞清了梁带村芮国墓地的分布范围和墓葬具体数量（图版一，2）。

　　根据墓葬的形制和规模，初步判断这1290座两周时期墓葬可分为三个等级：

　　第一等级：即墓地最高等级的墓葬，共7座。在墓地东南部发现4座带有墓道的大型墓葬，即M19、M26、M27、M28，墓室长度均在6米以上，深度均超过10米，墓底多带有朱砂和铜片。在墓地北部发现3座"甲"字形大墓，即M33、M502、M560，墓室长度均为5米左右，深度为6~9米。墓主人当为诸侯或其夫人这一级别。

　　第二等级：即墓地中等级别的墓葬。该类墓葬墓室长、宽均小于上述大型墓葬的长、宽。此类中型墓葬共计91座，其中17座墓底带有朱砂。一般而言，周代墓葬墓底带有朱砂者均为贵族墓葬。勘探发现墓底带有朱砂的墓中，最小的墓是M85，长3、宽2.4、深8.3米。考古队依此划定，梁带村两周时期墓葬墓室长度为3米当为区分中型和小型墓葬的分界点。墓室长度超过3米，深度一般超过6米者为中型墓葬。墓主身份应为士大夫贵族这一级别。

　　第三等级：即墓地低等级别的墓葬。共发现1192座。已发掘墓室长度在3米以下的墓葬24座，深度不超过5米，墓底绝无朱砂，归为小型墓葬。墓主身份一般为平民。

　　所有墓葬的墓向均向北或略偏向东北，墓葬排列相当密集，无打破关系，显示墓地事先经过周密规划。带墓道的 7 座大型墓葬分布于墓地的东南部和北部，周边墓葬较为稀疏，也应当是有意为之。

第三节　墓葬位置与层位关系

一、墓葬位置

经陕西省考古研究院与渭南市文物保护考古研究所（今渭南市文物保护考古研究中心）勘探确认，这是一处规模较大的两周时期墓地。为保护墓地安全，韩城市人民政府对墓地的核心区域进行了封护，区内十字小路将墓地分为四个墓区，Ⅰ 区处于东南部，Ⅱ 区处于西南部，Ⅲ 区处于西北部，Ⅳ 区处于东北部。此次发掘工作区处于墓地 Ⅰ 区和 Ⅱ 区的北部（图二）。

Ⅰ 区发掘采用探方发掘法进行，共布 10 米 × 10 米探方 4 个，编号 T1~T4，面积 400 平方米，连同西扩方 15 平方米，共发掘 415 平方米。清理墓葬 20 座，其中"甲"字形大型

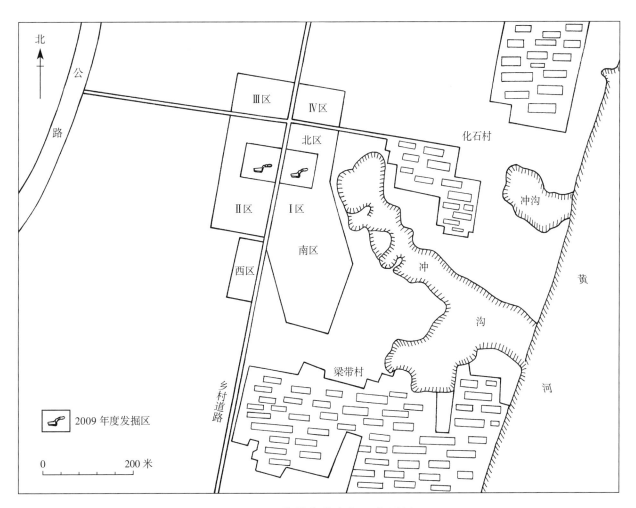

图二　梁带村墓地发掘区位置图

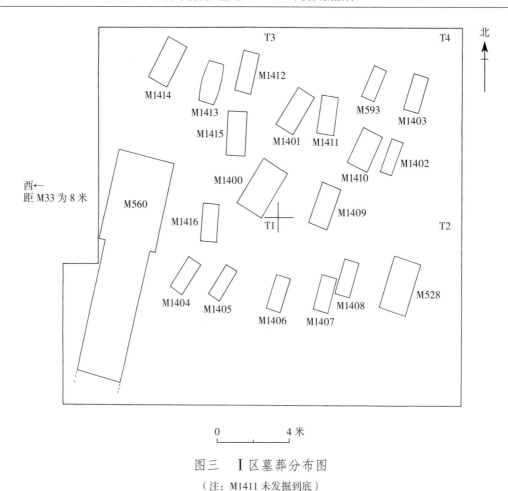

图三　I 区墓葬分布图

（注：M1411 未发掘到底）

墓葬 1 座，编号 M560；小型墓葬 19 座，即 M528、M593、M1400~M1416；马坑 1 座（K27，未发掘）。小型墓葬成排分布，共分四排（图三；图版二，1）：

北一排 5 座，自西向东分别为 M1414、M1413、M1412、M593、M1403；

北二排 5 座，分别为 M1415、M1401、M1411（未发掘到底）、M1410、M1402；

北三排 3 座，分别为 M1416、M1400、M1409；

北四排 6 座，分别为 M1404、M1405、M1406、M1407、M1408、M528。

II 区也采用探方发掘法进行，共布 10 米 × 10 米探方 4 个，编号 T5~T8，面积 400 平方米，连同西扩方 50 平方米，南扩方 33.75 平方米，共发掘 483.75 平方米。清理大型墓葬 1 座（M33）、中型墓葬 1 座（M300）和小型墓葬 6 座（M291~M293、M297~M299），仅 M291 为东西向（图四；图版二，2）。

二、层位关系

两区地层堆积均分为三层，以 I 区 T3 南壁为例说明（图五）：

第 1 层：耕土层，厚约 0.2 米，土质疏松，土色黑灰，含有现代瓦片、植物根系及现代垃圾。

第 2 层：扰土层，厚约 0.4~0.45 米，土质松软，土色灰褐，含有近代瓦片、炭点等。

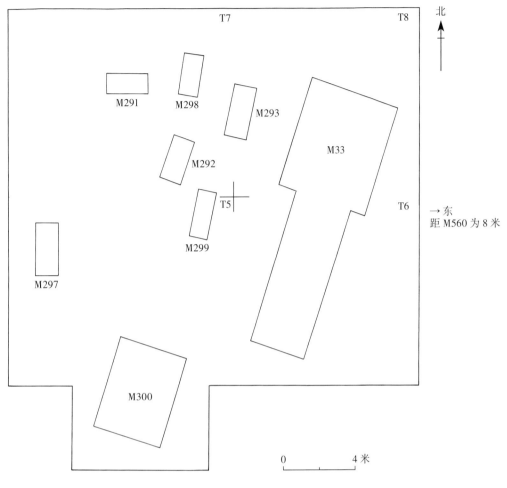

图四 Ⅱ区墓葬分布图

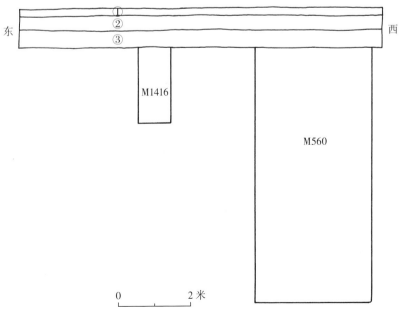

图五 Ⅰ区 T3 南壁剖面图

第3层：战国秦汉堆积层，厚约0.45米，土质纯净、密实，内含白色钙丝。M560和M1416开口于该层下。

第四节   发掘主要收获

2010年2月，本次田野考古工作结束。所有发掘墓葬均未被盗掘，保存完好，遗迹丰富，遗物众多，取得重要成果。其主要收获如下：

1. 此次发掘的大型墓葬M33、M560和中型墓葬M300，清理出多种重要遗迹现象和较为丰富的遗物。许多遗物均为首次发现，如M300晋姞匜、晋姞盘、师氏姞簋的发现，增添了芮国和晋国通婚的重要例证。M300墓主胸前佩戴的梯形牌组玉佩，由梯形玉牌、玉管、玉珠、玛瑙珠/管、铜管、海贝组成，为研究玉组佩的具体构成提供了全新资料。

2. 大、中型墓葬出土铜器有鼎、鬲、甗、簋、盘、匜等，通过对上述器物的类型学研究，确认墓葬的年代为西周晚期。结合2005年度和2007年度的两次发掘，可以初步认为，梁带村芮国墓地的年代起始于西周晚期（约为宣王时期），以M560和M300为代表，终于春秋早期（约为公元前709年），以M28为代表。

3. 由发掘成果确定梁带村墓地为一处两周时期的芮国墓地，解决了芮国在西周晚期至春秋早期的地望问题。

第二章　大型墓葬 M560

第一节　墓葬概述

一、位置

M560 位于墓地 I 区北部，北距 M1414 约 4 米，东北距 M1413 约 3.7 米，东距 M1416 约 2.35 米，东南距 M1404 约 1.9 米。

二、墓葬形制与结构

M560 平面呈"甲"字形，由墓室和墓道组成。墓室形制为竖穴土坑状，墓道为南北向斜坡墓道。以墓道为基准，方向 210°（图六；图版三）。

（一）墓道

墓道接于墓室南部，平面呈长方形，墓道水平基准长 12.35、宽 2.46 米，实际发掘长度 6.8 米。东、西两壁垂直平整。墓口南端距地表 1.05 米，北端底部距墓口 4.45 米，墓道坡度为 19°。墓道填土为五花土，与墓室同时填埋。填土均经夯打，质地不甚坚硬，夯打层次不明，夯窝不清。墓道底部与墓室南部二层台相接。在接近墓室的墓道底部发现一木条痕迹，长 0.73、宽 0.07 米，其上髹漆，功用不明（见图一二）。

另在距墓口深 1 米、北距墓室 0.55 米、东距墓道东壁 0.01 米处发现 1 件玉璧（图七；图版四，1），这可能是进行祭祀活动时有意遗留的祭品。

（二）墓室

平面呈长方形，形制为竖穴土坑，墓室收分明显，口大底小。墓口长 4.85、宽 3.2 米，墓底长 4.65、宽 3 米。墓口距地表 1.05 米，墓口距墓底 6.65 米。

墓室四周为熟土二层台，高 2.2 米，其宽窄不一，东二层台宽 0.15~0.23 米，南二层台宽 0.3~0.6 米，西二层台宽 0.17~0.28 米，北二层台宽 0.2~0.25 米。

墓室填土为五花土。

墓室中央略偏东处、椁底板下发现一南北向长方形小坑，坑长 0.8、宽 0.25、深 0.45 米。坑内殉狗一只，头向西，现存骨架。从狗骨架的姿态看，应是被杀死后放置坑内的（图八；图版四，2）。

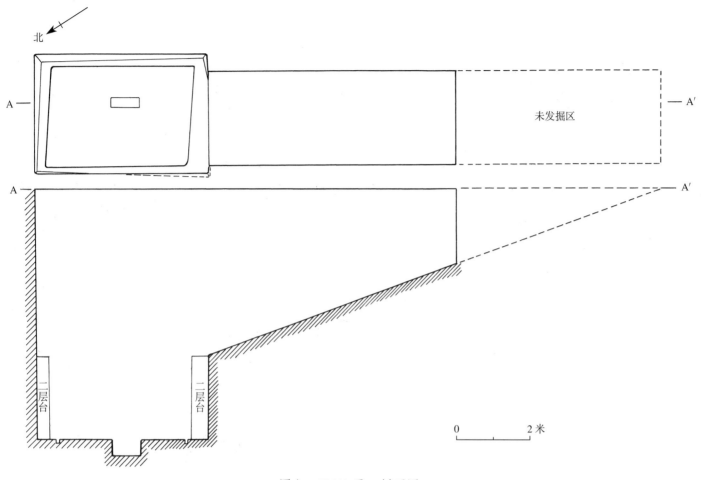

图六　M560 平、剖面图

（三）祭祀坑

围绕 M560 共发现 4 个祭祀坑（图七），均开口于第 3 层下，其中墓道东侧 2 个，墓道上方 2 个。说明在墓葬埋葬之后还进行了某种祭祀活动。简述如下。

M560K1

紧贴墓道东侧。平面呈不规则圆形，南北长 1.55、东西宽 1.25、深 0.2 米。坑内南、北两端各发现 1 具狗骨架。从狗骨架的姿态看，应是被杀死后埋入的（图版五，1）。

M560K2

位于墓道上方，墓道北端偏西处。平面呈长方形，东西长 0.9、南北宽 0.42、深 0.4 米。坑内发现有石片和蚌片（图版六，1）。

M560K3

位于墓道东侧，南邻 K1。平面大体呈圆角方形，南北长 0.55、东西宽 0.35、深 0.3 米。坑内发现 1 具小狗骨架，腐朽严重（图版五，2）。

M560K4

位于墓道上方，南邻 K2。平面呈长方形，东西长 0.65、南北宽 0.4、深 1 米。坑内发现 1 具狗骨架，从姿态看当为被杀死后放置（图版六，2）。

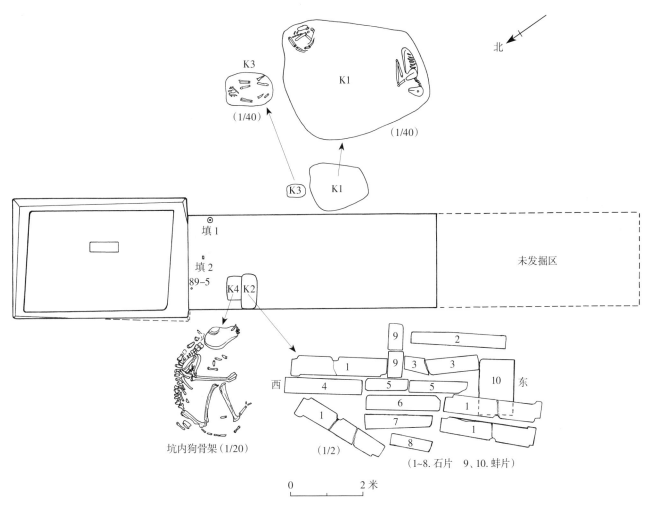

图七　M560 祭祀坑平面分布图

填 1. 玉璧　填 2. 骨管　89-5. 铜环

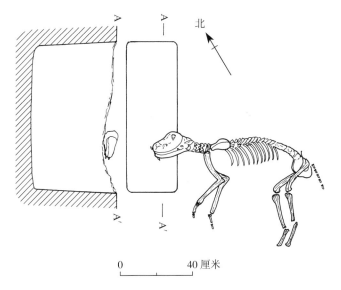

图八　M560 墓室椁底板下长方形坑平、剖面图（含牲狗）

三、葬具与葬式

（一）葬具

单椁重棺。棺分为内棺和外棺（图九）。

1. 木椁

椁室整体为木质框架结构，长 3.98、宽 2.65、高 2.55 米。盖板为南北向纵铺，由 11 块木板依次铺就。每块板长 3.98、宽 0.17~0.21、厚 0.12 米（图一〇；图版七，1）。由于塌陷致使侧板、端板叠砌层数无法弄清，但侧板最下方两层板痕尚能依稀区分，东、西侧板由长 3.98、厚约 0.17~0.2 米的方木砌成，南、北端板由长 2.65、厚约 0.17~0.2 米的方木砌成。

底板为南北向纵铺，共计 11 块，长 3.95、宽 2.65 米，板宽 0.17~0.23 米不等（图一一；图版七，2）。在底板下南、北两端各放置垫木 1 根，南部垫木距椁室南端 0.26 米，北部垫木距椁室北端 0.26 米，由此可看出两垫木为等距离放置。垫木长 2.85、宽 0.12~0.16 米，其

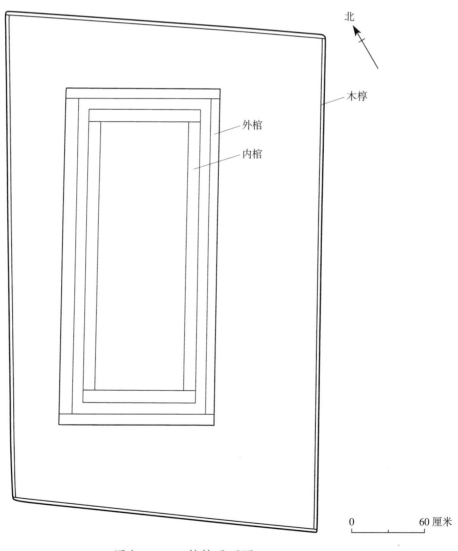

图九　M560 棺椁平面图

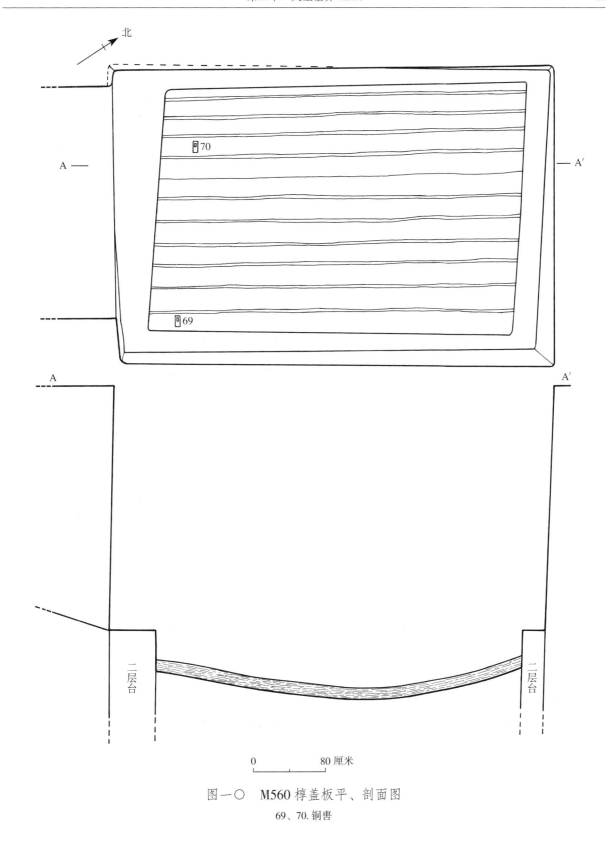

图一〇　M560 椁盖板平、剖面图

69、70.铜臿

两端深入二层台内 0.2~0.25 米，即垫木长于椁室宽，以增强椁室的牢固性（见图六）。

　　椁室内发现多处铺席，它们分别位于椁盖板、侧板及底板上。由此说明，当时下葬时，椁板各个外露部分均铺席，以适应丧葬制度，同时也有较好的装饰效果。由于腐朽严重，只

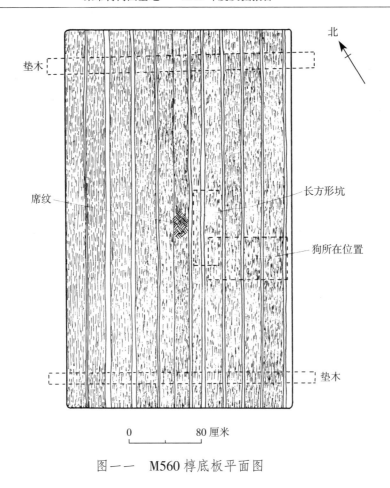

图一一　M560 椁底板平面图

在局部有所显现。现场共清理 9 处（表一；见图一一、图一二、图二一；图版八）。

2. 棺罩

棺罩由木架、荒帷、铜翣、铜板及饰棺串饰构成（图一二、图一三；图版九，1）。

在椁室发现残存棺罩木架的痕迹，东西向木痕 8 道，南北向木痕 8 道，保存较差。由于

表一　M560 椁室席纹登记表

序号	位置	现存尺寸
1	盖板西侧偏北	长 1.46、宽 0.05~0.1 米
2	盖板西侧偏南	长 0.1、宽 0.09 米
3	盖板西侧偏南	长 0.12、宽 0.1 米
4	盖板西侧偏南	长 0.15、宽 0.12 米
5	盖板西南角	长 0.3、宽 0.15 米
6	盖板南端	长 0.6、宽 0.17 米
7	盖板中东部	长 0.45、宽 0.2 米
8	东侧板偏北	长 0.73、宽 0.44 米
9	底板中部	长 0.3、宽 0.2 米

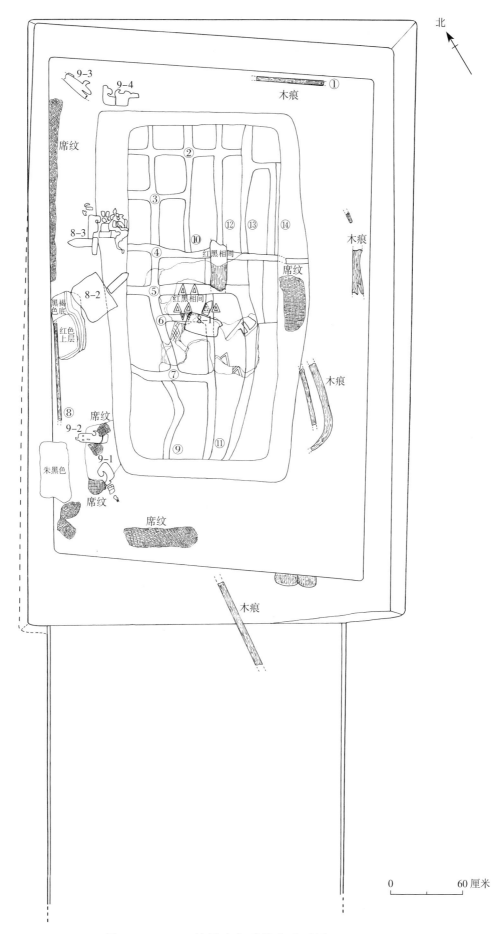

北

木痕 ①

9-3

9-4

席纹

8-3

8-2

黑褐色底

红色上层

⑧

9-2

席纹

朱黑色

9-1

席纹

席纹

席纹

木痕

木痕

木痕

木痕

② ③ ④ ⑤ ⑥ ⑦ ⑨ ⑩ ⑪ ⑫ ⑬ ⑭

红黑相间

红黑相间

8-1

0　　　　　　60厘米

图一二　M560棺罩木架及棺饰平面图

8-1~8-3.铜翣　9-1~9-4.铜板　①~⑭.木架木痕

其间距疏密程度不一，已难以准确反映棺罩木架的真实情形。木条残迹长短、粗细不一。具体尺寸如表二：

表二　M560 棺罩木架痕迹登记表

序号	位置	尺寸
1	东西向第一道木痕（自北向南）	长 0.55、宽 0.03 米
2	东西向第二道木痕（自北向南）	长 0.92、宽 0.05 米
3	东西向第三道木痕（自北向南）	长 0.46、宽 0.07 米
4	东西向第四道木痕（自北向南）	长 1.47、宽 0.06 米
5	东西向第五道木痕（自北向南）	长 1、宽 0.08 米
6	东西向第六道木痕（自北向南）	长 0.33、宽 0.05 米
7	东西向第七道木痕（自北向南）	长 0.63、宽 0.08 米
8	南北向第一道木痕（自西向东）	长 0.78、宽 0.03 米
9	南北向第二道木痕（自西向东）	长 2.67、宽 0.07 米
10	南北向第三道木痕（自西向东）	长 1.02、宽 0.07 米
11	南北向第四道木痕（自西向东）	长 1.59、宽 0.07 米
12	南北向第五道木痕（自西向东）	长约 0.96、宽 0.07 米
13	南北向第六道木痕（自西向东）	长 2.67、宽 0.08 米
14	南北向第七道木痕（自西向东）	长 0.72、宽 0.06 米

椁室内发现 5 处荒帷残迹。第一处位于棺罩中部，有朱、黑相间的几何形彩绘，分布范围 1 米 ×0.9 米。第二处位于棺罩西侧，分上、下两层，上朱下黑，分布范围 0.55 米 ×0.25 米。第三处位于棺罩西南角，有朱、黑相间的彩绘，分布范围 0.48 米 ×0.25 米。另外 2 处塌落于椁室东侧（见图一二；图版九，2~5）。

三件铜翣保存较差，分别发现于棺罩中部及西侧（见图一二）。四件铜板保存较差，分别发现于棺罩西北角和西南角（见图一二）。

铜鱼、蚌贝、海贝、蛤蜊、石贝等组成的饰棺串饰，遍布椁室，较为散乱，但仍能辨识其具体组织结构。它们成组分布于棺罩的四侧及上部，北、西、南侧各有一组，东侧两组，上部两组（北端一组编为北二组，南端一组编为南二组），共计 7 组（图一三）。各组组件的构成不尽相同，共有四种构成方式（附表二）。

A. 仅有铜鱼一种，计有北一组（M560：1）和南一组（M560：3）。

B. 铜鱼 + 石贝，仅有西一组（M560：2）。

C. 铜鱼 + 天然贝（包括蚌贝、海贝和蛤蜊三种），仅有南二组（M560：7）。

D. 铜鱼 + 石贝 + 天然贝，计有东一组（M560：4）、东二组（M560：5）及北二组（M560：6）。

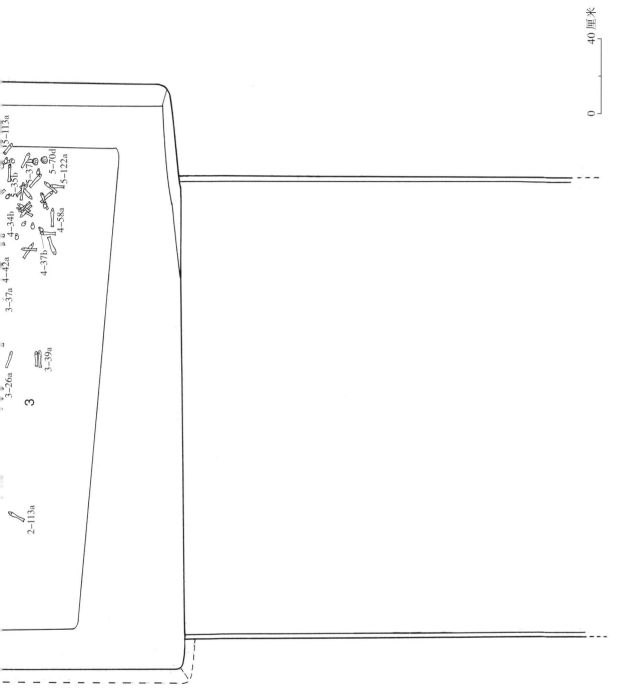

图一三　M560 饰棺串饰平面图

1-1a~31a、2-1a~113a、3-1a~39a、4-1a~58a、5-1a~122a、6-1a~51a、7-1a~42a. 铜鱼　2-1b~7b、4-1b~37b、5-1b~37b、6-1b~7b. 石贝
4-1c~2c、5-1c~4c、6-1c~15c. 蚌贝　4-1d~35d、5-1d~70d、6-1d~5d、7-1d~24d. 蛤蜊　6-1e~9e. 海贝　22-1~8. 铜铃

3. 外棺

外棺由盖板、底板、侧板和端板构成，长 2.7、宽 1.3、残高 0.7 米。盖板、底板均南北纵向铺就。盖板由 5 块构成，每块板宽 0.1~0.35 米，板厚 0.07 米（图一四）。底板由 6 块组成，每块板宽 0.15~0.23 米（图一五；图版一〇）。侧板、端板具体层数不明，仅最下一层侧板能依稀分辨，东侧板宽 0.07、西侧板宽 0.11 米，南端板宽 0.09、北端板宽 0.08 米（见图一八）。

外棺发现多处绳痕，其中外棺底板下有纵横绳痕，其中横向绳痕 9 道，纵向绳痕 5 道。绳痕有粗、细两种，前者直径 0.1~0.13 米，后者直径 0.02~0.04 米。细绳在棺下形成大、小两种长方形网格，大者 0.36 米 ×0.23 米，小者 0.25 米 ×0.22 米（图一六；图版一一）。粗

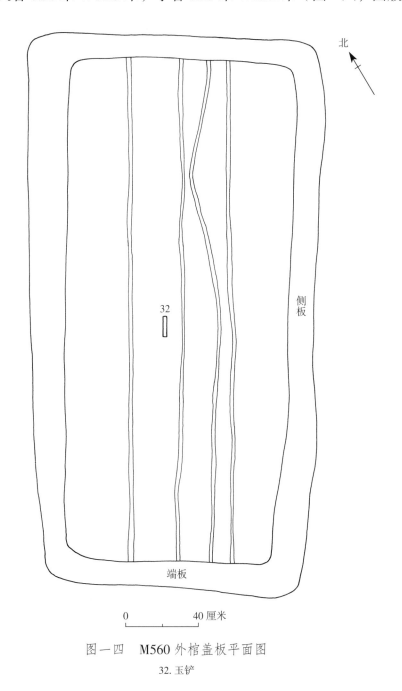

图一四　M560 外棺盖板平面图
32. 玉铲

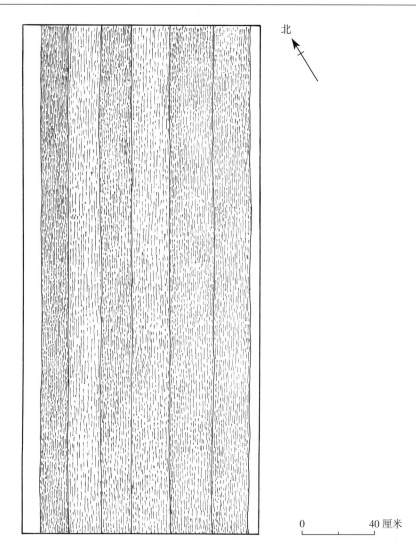

图一五　M560 外棺底板平面图

绳在细绳外形成"井"字形（图一七）。粗、细绳痕均伸出棺外并向上延伸，形成所谓棺束，从绳痕看应是将外棺向椁内放置时所用的棺束。

在上述棺束之下有直径 0.12 米的纵横两道粗绳痕，呈"井"字形，其各端自棺外向上延伸，这应是下葬时提棺所用的绳索。

4. 内棺

内棺由盖板、底板、侧板和端板构成，长 2.39、宽 0.95、残高 0.7 米。盖板、底板均南北纵向铺就，均由 5 块木板组成，板宽分别为 0.11~0.16 米和 0.16~0.22 米（图一八；见图版一〇）。侧板厚约 0.1 米。

（二）葬式

为仰身直肢葬，头向北，面向上，双手交叉置于腹部（图一九；图版一二，1）。骨架长 1.78 米。棺内施撒少量朱砂，厚约 0.1 厘米。人骨保存较差，无法提取。经西北大学陈靓现场鉴定，墓主为男性，年龄 45 岁左右（附表九）。在墓主骨架下发现局部衬铺的粗纤维织物痕迹（图版一二，2、3）。

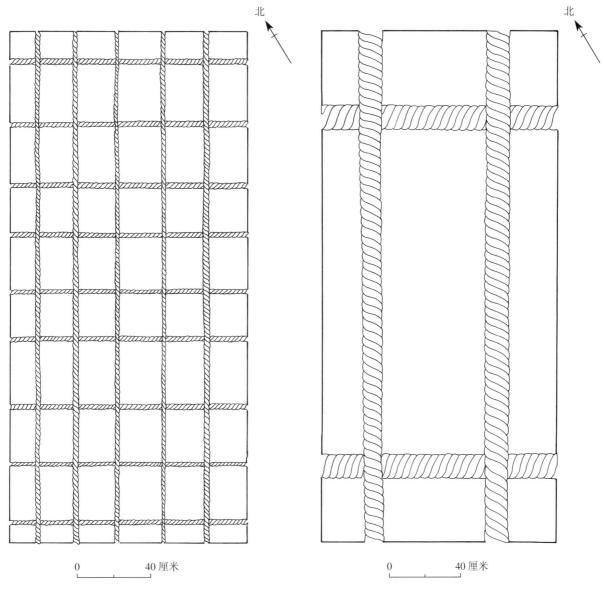

图一六　M560 外棺底板细绳痕平面图　　　　图一七　M560 外棺底板粗绳痕平面图

四、随葬器物位置

M560 随葬器物分别出自以下五个区域。

（一）墓道填土内

在墓道北端发现 1 件铜环（M560：89-5）和 1 件骨管（M560：填2），墓道东北角有 1 件玉璧（M560：填 1）（见图七）。

（二）椁盖板上

在椁盖板东南角和西南角各发现 1 件铜冑，即 M560：69、70（见图一〇）。

（三）外棺棺罩及盖板上

在外棺棺罩中部及西侧共发现 3 件铜爵（M560：8-1~8-3），在棺罩西北角与西南角共发现 4 件铜板（M560：9-1~9-4）（见图一二），在外棺盖板中部发现 1 件玉铲（M560：32）

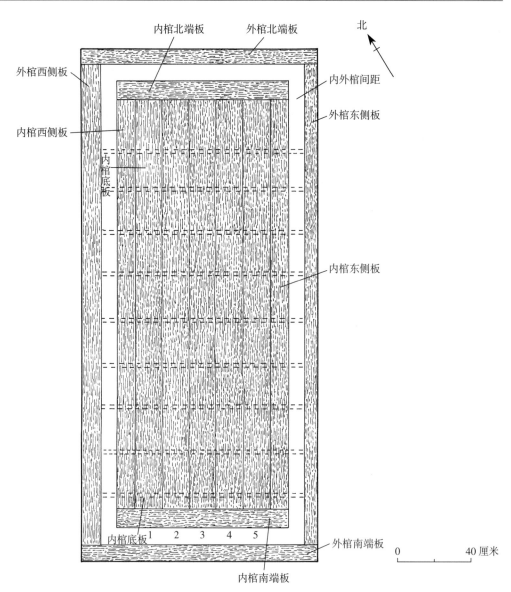

图一八　M560 内棺底板平面图

（注：虚线为内棺下绳痕）

（见图一四）。

（四）棺椁之间

绝大多数随葬品及棺饰出自棺椁之间（图二〇、二一；图版一三，1）。

铜礼器共 10 件，计有鼎 2、鬲 1、甗 1、簋 2、盉 1、盘 1、尊 1、爵 1，除甗放在椁室西侧偏南部外，其余均放置在椁室南端（图二〇；图版一三，2）。

铜兵器共 85 件。其中戈 4 件，椁室东、西两侧各出土 2 件，东侧 M560：77 所连接的木柲残长 170 厘米（图二二），西侧 M560：88 所连木柲残长 108 厘米。矛 2 件，出土于椁室东南部。2 套弓（弓背为木质，已朽，两端为铜帽）出土于椁室东南角。75 件镞出土于椁室东侧、南侧及东南角和东北角（见图二〇；图版一四，1~4）。

铜工具 8 件，其中 2 件凿、5 件刻刀出土于椁室东南部，1 件削出土于椁室西侧中部（见

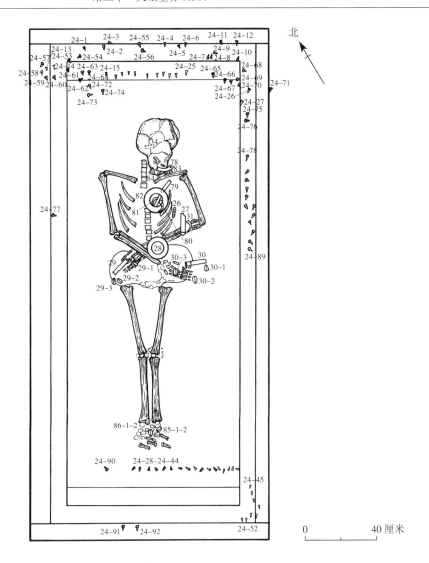

图一九　M560 墓主骨架及棺内玉器出土平面图

24-1~24-52. 骨钉　24-53~24-92. 铜钉　26. 玉蚕形佩　27、79. 玉柄形器　28、82. 玉璧　29. 左手玉握　30. 右手玉握　31、80、81. 玉龙形觿　34. 玉方管　78. 玉鱼形佩　83. 玉口琀　84-1~84-8. 口琀海贝　85-1、85-2、86-1、86-2. 脚踝饰海贝

图二〇；图版一四，5）。

　　铜车器 14 件，其中 5 件车辖出土于椁室东、西两侧，1 件车軎出土于椁室东南部（图版一四，6）；8 件銮铃置于椁室东侧（见图二一；图版一五，1）。

　　铜马器中，4 套由马衔镳、"十"字形节约、"X"形节约及管组成的铜络饰分别出土于椁室西北角、东南角和东北角（见图二一；图版一五，2~4）；7 件带扣中 4 件出土于椁室东北角，3 件则发现于东南部；2 件铜小腰发现于椁室西南部，1 件骨小腰出土于椁室南部；4 件铜环两两叠放于椁室西南部（见图二一）；4 件铜策出土于椁室西北角（见图二〇）。

　　1 件玉端饰出土于椁室东侧中部（见图二一；图版一六，1）。8 件砺石出土于椁室东侧。8 件卜骨出土于椁室西南角（见图二〇；图版一五，5）。

　　大量骨角蚌器，如骨锥、管、镞及鹿角、蚌环等均出土于椁室东侧及东南部、东北部（见图二〇）。

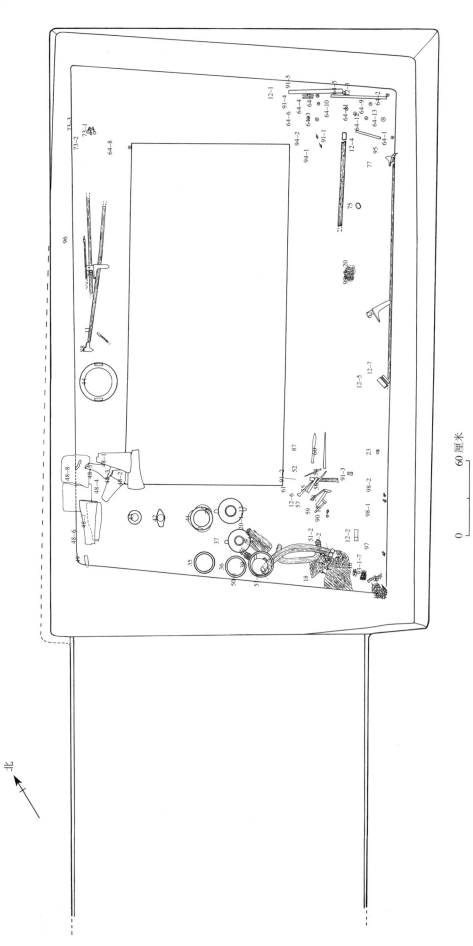

北

0 _____ 60厘米

图二〇　M560 出土器物平面图（一）

11. 铜削　12-1~12-7、75. 砺石　15. 骨锥　16-1~16-13、17-1、17-2、18-1~18-5、19-1~19-16、20-1~20-13、94-1、94-2、95、97、98-1、98-2、99-1~99-20. 铜镞　23. 骨器　35、36. 铜矛
37、38. 铜盉　39. 铜簋　40. 铜盂　41. 铜盘　42. 铜爵　43. 铜尊　44. 铜甗　48-1~48-8. 铜爵　49. 石圭　50-1、50-2、51-1、51-2. 铜弓帽　52、54. 铜凿　55~59. 铜刻刀　60、87. 铜矛
61、62、76、77、88. 铜戈　64-1~64-12. 石泡　64-13. 蚌泡　73-1~73-3、96. 铜策　90. 蚌泡　91-1~91-5. 骨管　93-1~93-7. 骨镞

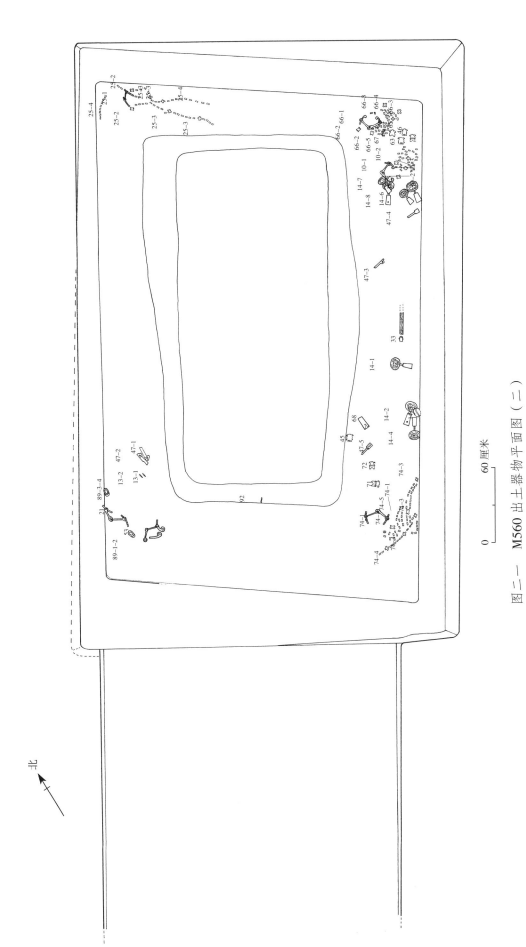

北

0 _____ 60 厘米

图二一 M560 出土器物平面图（二）

10、25、66、74. 铜络饰 13-1、13-2. 铜小腰 14-1~14-8. 铜銮铃 21、53. 铜马衔镳组合 33. 玉端饰 45、46、63、65、67、71、72. 铜带扣 47-1~47-5. 铜辖 68. 铜害 89-1~89-4. 铜环 92. 骨小腰

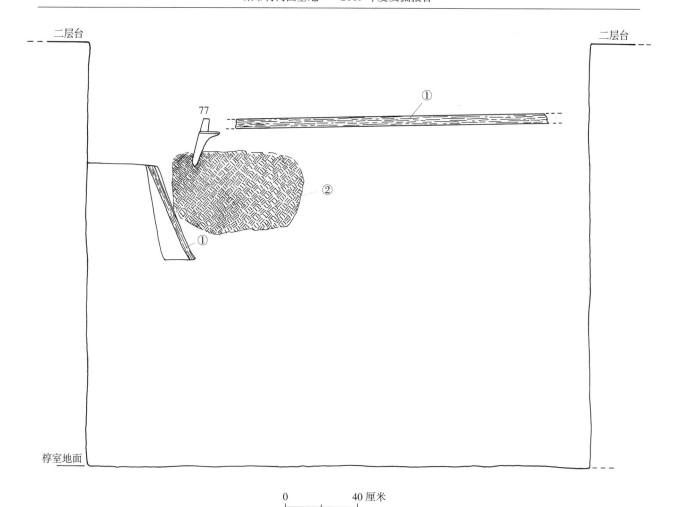

图二二　M560 椁室东壁铜戈正视图

77. 铜戈（图中①为木痕，②为席纹）

（五）内棺内

仅发现玉器、海贝等。其中 2 件玉璧出土于墓主胸腹部，1 件玉鱼形佩出土于墓主下颌处，1 件玉蚕形佩出土于墓主左胸部，3 件玉龙形觿出土于墓主左臂处和胸部，2 件玉柄形器分别出土于墓主左臂处和胸部，1 件玉方管发现于墓主头部，墓主口中发现 40 件玉口琀。左、右手则握有串联海贝的玉柄形器。左、右脚踝则佩戴海贝组成的串饰（见图一九；图版一六，2~4）。

第二节　随葬器物

共计 1274 件。分为铜器、玉器、石器、骨角蚌器等（附表一）。分述如下。

一、铜器

墓内共发现铜器 850 件，总重量达 41.91 千克。可分为礼器、兵器、工具、车器、马器、棺饰等六类。

（一）礼器

共八种 10 件，计有鼎、鬲、甗、簋、盘、盉、尊、爵，重量达 22.55 千克。分为实用器和明器两类，实用器制作精良，纹饰讲究；明器制作粗糙。

1. 实用器

（1）鬲　1 件。

标本 M560：41，矮体。侈口，方唇，短束颈，腹外鼓，裆部较平，蹄足中段较细，下端逐渐外展而宽大。沿上立两桥状耳，耳饰辫索纹。腹部与足相对处各有一个竖向扉棱。颈部饰一周重环纹，由大、小两种重环相间构成。腹部一周饰三组龙纹，每组为两条相对的凸目曲体龙纹和两条平目相向的曲体龙纹，并以凸细线雷纹衬作底纹。通高 19.8、口径 18.8、腹深 10、足高 7.6、耳高 3.6 厘米。重 2.53 千克（图二三，1~4；图版一七）。

（2）甗　1 件。

标本 M560：44，上甑下鬲连体而铸。甑口呈圆形，敞口，卷沿，方唇，两侧口沿上有一对立耳，斜直壁下收，甑底有三处等距离凸起用以承托甑箅，但甑箅现已不存。鬲体，束颈，腹部外鼓，联裆，三蹄足，足内侧为凹槽，底部烟炱厚重。甑口下饰六组曲体龙纹，立耳饰三道凹弦纹。鬲腹部饰三组象面纹，每组纹样皆由两个对称的横椭圆形眼睛与略似大象长鼻的鬲足组成。通高 40.2、甑口径 31.6、腹深 24 厘米。重 5.64 千克（图二四，1、2；图版一八）。

2. 明器

（1）鼎　2 件。

形制、纹样均相同，大小略有差异。口微侈，窄平沿，方唇，半球形腹，圜底，蹄足中段较细，下端逐渐外展而宽大。底外侧三角形范线未经打磨，较粗糙。口沿下饰一周重环纹。

标本 M560：36，上腹部饰一周凸弦纹，耳外侧饰两道凹弦纹。通高 16.4、口径 16.6、腹深 8.5、足高 7、耳高 3.6 厘米。重 1.3 千克（图二五，1、2；图版一九）。

标本 M560：35，通高 17、口径 17.4、腹深 8.2、足高 7、耳高 3.4 厘米。重 1.57 千克（图二五，3、4；图版二〇）。

（2）簋　2 件。

形制、纹样基本相同，大小、壁厚略有差异，但重量相同。器身、器盖分别铸成。盖面上隆，顶有喇叭形捉手。器身子口微敛，鼓腹，腹两侧附龙首形耳，平底，矮圈足，圈足下附三个支足。盖面和器身口沿下饰相同的"S"形窃曲纹，器腹部饰瓦棱纹。

标本 M560：37，通高 17.2、口径 16.5、腹径 18.6、腹深 8.5 厘米。重 3.6 千克（图二六，1~3；图版二一）。

标本 M560：38，通高 17.6、口径 15、腹径 19.8、腹深 9.5 厘米。重 3.6 千克（图二六，4~6；图版二二）。

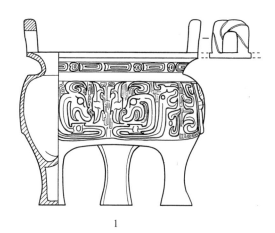

1

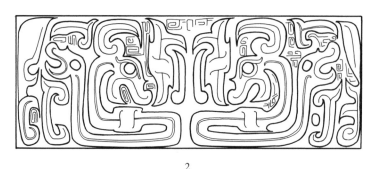

2

3

4

1. |0_____8厘米　　余|0_____4厘米

图二三　M560 出土铜鬲（M560：41）

1. 鬲　2. 腹部纹饰展开图　3. 颈部纹饰拓本　4. 腹部纹饰拓本

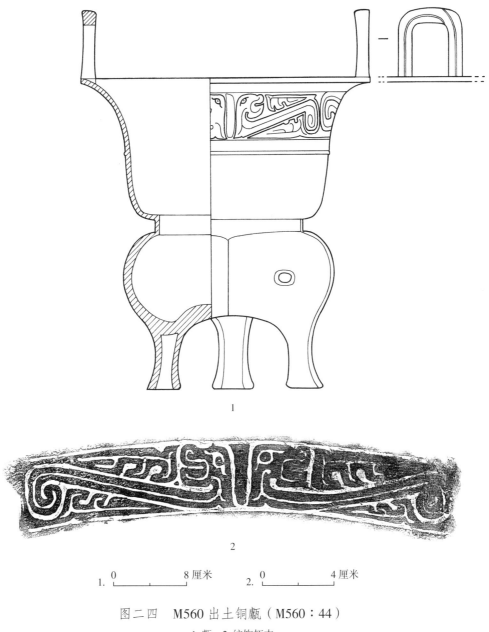

1

2

1. |—————————| 8 厘米　　　2. |—————————| 4 厘米
0　　　　　　　　0

图二四　M560 出土铜甗（M560：44）
1. 甗　2. 纹饰拓本

（3）盘　1件。

标本 M560：40，敞口，窄平折沿，方唇，浅腹，双附耳，平底，高圈足。腹部饰一周"S"形窃曲纹。通高 8、口径 20.5、腹深 3.7、圈足高 2.5 厘米。重 2.04 千克（图二七，1、2；图版二三）。

（4）盉　1件。

标本 M560：39，盖与器身浑铸于一体，但器盖和器身分界线明显。器身扁圆形，圆管状直流上扬，后有兽首半环形鋬，无底，四扁薄兽爪足。器身两面均饰两周纹饰，内圈为重环纹，外圈为"S"形窃曲纹。通高 16.7、通长 19.4、器身直径 12.2 厘米。重 1.16 千克（图二七，3~6；图版二四）。

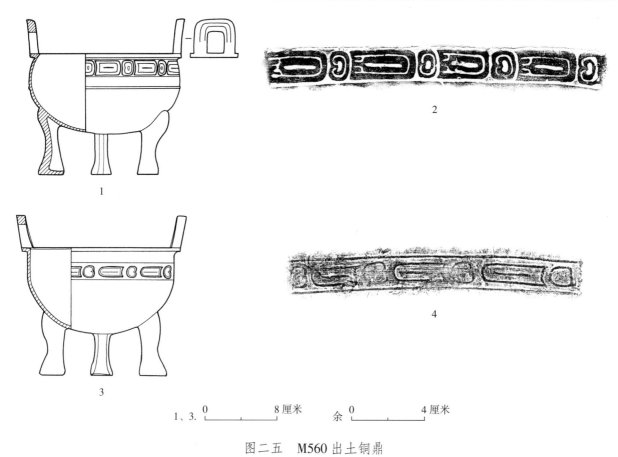

图二五　M560 出土铜鼎

1. M560：36　2. M560：36 颈部纹饰拓本　3. M560：35　4. M560：35 颈部纹饰拓本

（5）尊　1件。

标本 M560：43，敞口，方唇，粗颈，鼓腹，高圈足。腹部饰长鼻曲体龙纹。通高 11.6、口径 11.5、腹径 9.3、圈足径 9 厘米。重 0.73 千克（图二八，1、2；图版二五，1、2）。

（6）爵　1件。

标本 M560：42，敞口，方唇，尖尾，长流，口沿上有一对断面呈半圆形的立柱，弧腹，小平底，三棱形足，腹外壁一侧有一个半圆形纽。腹部饰一周重环纹。通高 13.4、通长 14.7、腹深 7.7、柱高 1.4、足高 3.7 厘米。重 0.38 千克（图二八，3、4；图版二五，3、4）。

（二）兵器

共戈、矛、弓、镞四种，计有 85 件，重 2.505 千克。

1. 戈　4件。

重 1.17 千克。均为长胡三穿戈。锋呈三角形，有脊，上、下边有刃，长胡，内、援之间有凸棱形栏。栏侧穿孔形状、数量相同，而宽窄不一，胡上穿孔均为纵长条形，援上穿孔为或纵向或横向长条形。长方形直内，其中部皆有一横长条形穿孔，其后下角或有缺口。

标本 M560：62 与标本 M560：77，皆出土于椁室东壁。后者偏北，并接木柲，未髹漆，木柲残长 170、直径 3 厘米。两者形制、大小完全相同，其穿孔位置、形状、宽窄亦毫无二致，援穿和胡穿之间均有桃形铸造穿孔，后者还存有范土，可能为同范所铸。援上穿孔为横长条

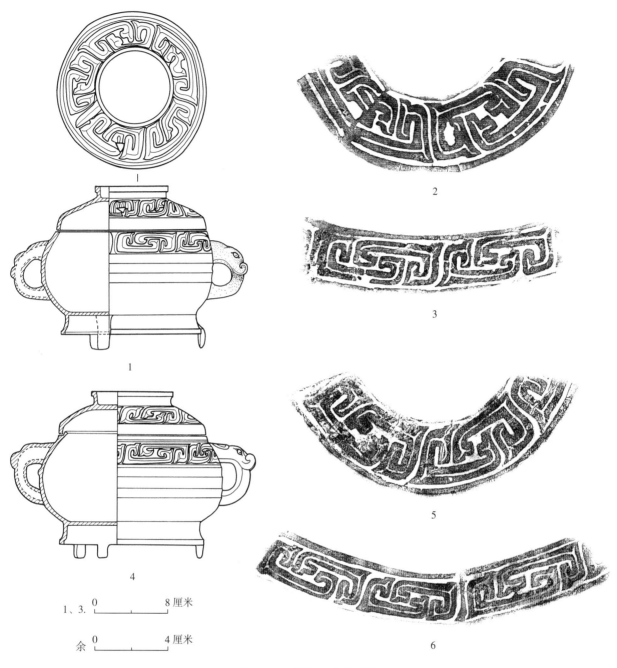

图二六　M560 出土铜簋
1. M560：37　2. M560：37 盖面纹饰拓本　3. M560：37 口沿下纹饰拓本
4. M560：38　5. M560：38 盖面纹饰拓本　6. M560：38 口沿下纹饰拓本

形，援脊不明显。通长 23.6 厘米，援长 16.2、援宽 4 厘米，内长 7.3、内宽 3.5、厚 0.5 厘米。重分别为 0.33、0.32 千克（图二九，1、2；图版二六，1、2）。

标本 M560：76，出土时立于椁室西壁。器形较小，并接残长 76 厘米、直径 2.5 厘米的朱漆木柲。援脊凸出。通长 19.4 厘米，援长 13.2、援宽 3.8 厘米，内长 6、内宽 3.3、厚 0.4 厘米。重 0.28 千克（图二九，3；图版二六，3）。

标本 M560：88，出土时立于椁室西壁。带有木鞘，鞘长约 20 厘米，并接残长 108 厘米、

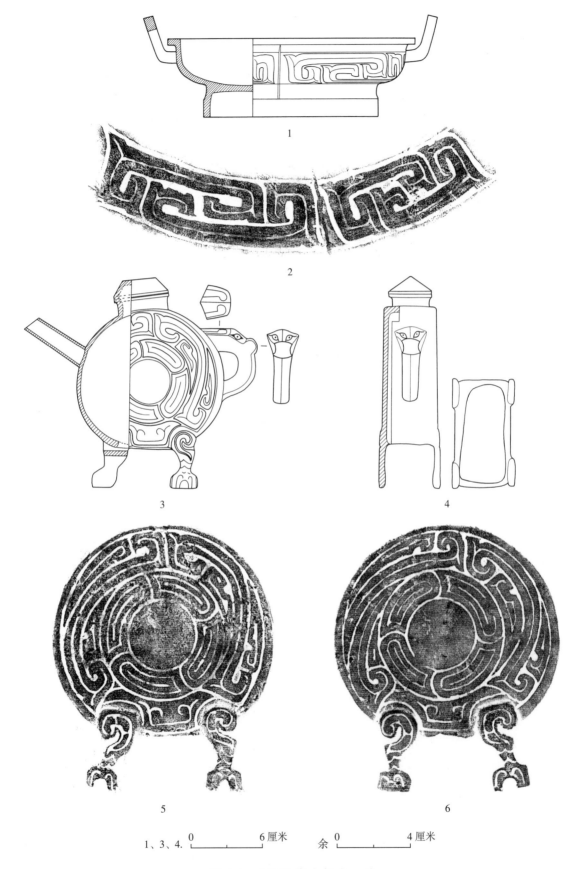

图二七　M560 出土铜盘、盉

1. 盘（M560：40）　　2. 盘（M560：40）腹部纹饰拓本　　3、4. 盉（M560：39）　　5、6. 盉（M560：39）A、B 面纹饰拓本

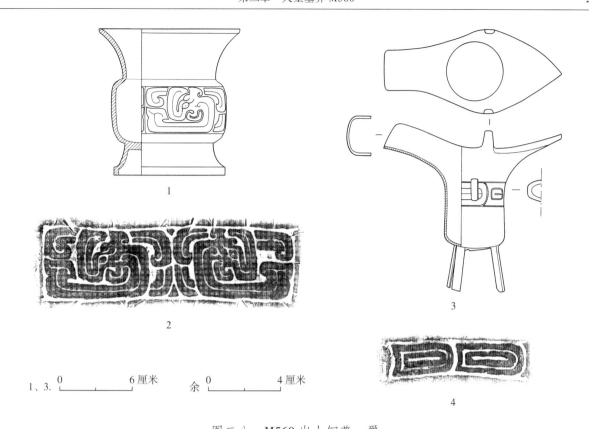

图二八　M560 出土铜尊、爵

1. 尊（M560：43）　2. 尊（M560：43）腹部纹饰拓本　3. 爵（M560：42）　4. 爵（M560：42）腹部纹饰拓本

直径 2.5 厘米的朱漆木柲。较小，刃部锋利。通长 19 厘米，援长 12.6、援宽 3.8 厘米，内长 6.2、内宽 3.5、厚 0.3 厘米。重 0.24 千克（图二九，4；图版二六，4）。

2. 矛　2 件。

共 0.46 千克。均出土于椁室东南部。形制基本相同，而长短有差异。柳叶形器身，尖锋和叶刃锐利，中脊隆起，长骹圆銎延至叶身前部。銎内保存有圆锥形木柲朽木，未髹漆。骹体有对称小孔，用于固定木柲。

标本 M560：60，较长。长 30 厘米，叶长 17.2、叶宽 3 厘米，骹长 12.8、口径 2.2 厘米；木柲残长 12.9 厘米。重 0.28 千克（图二九，5；图版二六，5）。

标本 M560：87，较短。出土时，銎内木柲由多道细线缠绕，痕迹清晰。长 24 厘米，叶长 13.4、叶宽 2.8 厘米，骹长 10.5、口径 2.4 厘米；木柲残长 9 厘米。重 0.18 千克（图二九，6；图版二六，6）。

3. 弓帽　2 套 4 件。

重 0.18 千克。两套弓形制、纹饰、大小、重量不尽相同。出土时弓帽内残存部分木（竹）质弓背（见图二〇；见图版一四，3）。

标本 M560：50-1，不规则长方形。两面饰简化龙纹。左、右两侧高分别为 3.1、2.7 厘米，上、下两端宽分别为 4.1、4.3 厘米，厚 0.5 厘米。标本 M560：50-2，梯形。两面饰波曲纹。高 3.5、上宽 3.5、下宽 3.9、厚 0.4 厘米（图二九，8；图版二七，1）。

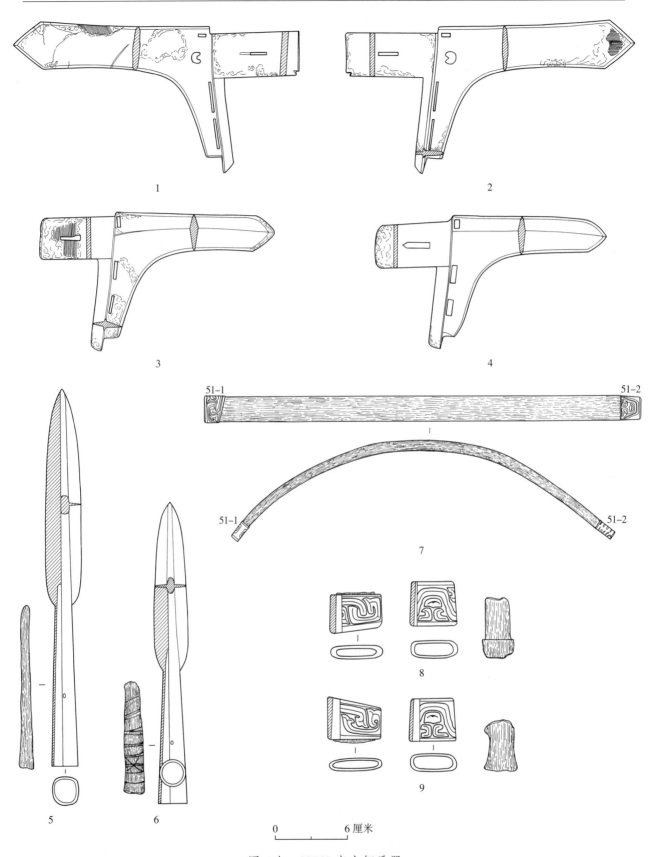

图二九　M560 出土铜兵器

1~4.戈（M560：62、77、76、88）　5、6.矛（M560：60、87）　7.弓（M560：51）复原图　8、9.弓帽（M560：50、51）

标本 M560：51-1，不规则长方形。两面饰简化龙纹。左、右两侧高分别为 3.4、2.5 厘米，上、下两端宽分别为 4.4、4.3 厘米，厚 0.4 厘米。标本 M560：51-2，梯形。两面饰波曲纹。高 3.4、上宽 3.5、下宽 3.9、厚 0.3 厘米（图二九，9；图版二七，2）。

出土时两套弓的弓帽间距 63 厘米，根据现场弓帽的位置、角度以及弓背杤痕，复原了标本 M560：51，弓弦长 63、弓背长 71.8 厘米（图二九，7）。

4. 镞　75 件。

重 0.695 千克。分别出土于五处，每处铜镞数量不等，有些与骨镞同出。箭矢前端的铜镞保存较好，而后端的箭秘大多已腐杤，未见到髹漆痕迹。

按铜镞的形制可分为双翼镞和无翼镞两种，前者用于实战，后者可能用于非实战活动。

（1）双翼镞　72 件。

双翼，有锐刃，高脊，圆柱状铤。按翼之宽窄分为两种。

宽翼镞　9 件。

标本 M560：19-1，长 4.5、翼长 2.2、翼宽 2、铤长 3.4、铤径 0.4 厘米（图三〇，1）。

窄翼镞　63 件。又分大、小两种。

大镞　45 件，长度一般在 5 厘米以上。其中 16 件镞刃部带有血槽（图版二七，3）。

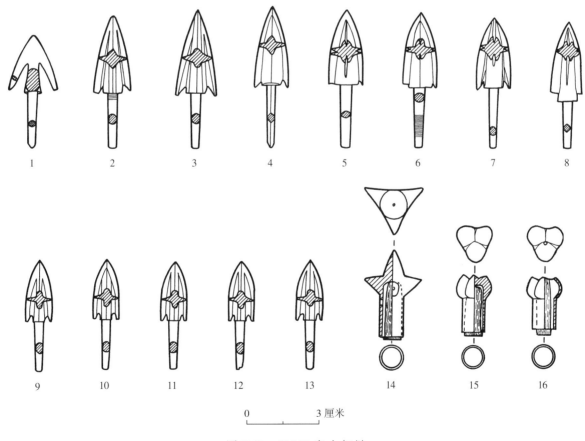

图三〇　M560 出土铜镞

1. 宽翼镞（M560：19-1）　2~8. 大窄翼镞（M560：17-1、17-2、18-1~18-5）　9~13. 小窄翼镞（M560：16-1~16-5）　14. 四锋无翼镞（M560：97）　15、16. 圆锥锋无翼镞（M560：98-1、98-2）

标本 M560：17-1，铤端残存麻绳痕迹。长 5.3、翼长 3.1、翼宽 1.5、铤长 2.2、铤径 0.4 厘米（图三〇，2；图版二七，4）。

标本 M560：17-2，锋锐利。长 5.5、翼长 3.3、翼宽 1.7、铤长 2.2、铤径 0.4 厘米（图三〇，3；图版二七，4）。

标本 M560：18-1，铤断面为菱形。长 5.6、翼长 3.2、翼宽 1.4、铤长 2.5 厘米（图三〇，4；图版二七，3）。

标本 M560：18-2，铤断面为椭圆形。长 5.6、翼长 3.2、翼宽 1.4、铤长 2.5、铤长径 0.4 厘米（图三〇，5；图版二七，3）。

标本 M560：18-3，铤上残存麻绳痕迹。长 5.4、翼长 3、翼宽 1.4、铤长 2.4、铤径 0.4 厘米（图三〇，6；图版二七，3）。

标本 M560：18-4，双翼较长。长 5.2、翼长 2.8、翼宽 1.4、铤长 2.4、铤径 0.3 厘米（图三〇，7；图版二七，3）。

标本 M560：18-5，双翼稍短。长 5、翼长 3.1、翼宽 1.3、铤长 1.8、铤径 0.4 厘米（图三〇，8；图版二七，3）。

小镞　18 件，长度一般在 4.0~5 厘米（图版二七，5）。

标本 M560：16-1，长 4.45、翼宽 1.05、铤长 2、铤径 0.3 厘米（图三〇，9）。

标本 M560：16-2，长 4.35、翼宽 1.05、铤长 2、铤径 0.3 厘米（图三〇，10）。

标本 M560：16-3，长 4.3、翼宽 1、铤长 1.95、铤径 0.3 厘米（图三〇，11）。

标本 M560：16-4，长 4.3、翼宽 1、铤长 1.95、铤径 0.3 厘米（图三〇，12）。

标本 M560：16-5，长 4.35、翼宽 1.05、铤长 1.95、铤径 0.3 厘米（图三〇，13）。

（2）无翼镞　3 件。

出土时末端圆銎内尚存木制箭柲残迹。以锋之不同分为两种。

四锋镞　1 件。

标本 M560：97，镞身由前后两部分组成，前端有四短锋，朝向不同方向，锋间距基本相等。后端为圆形銎，器身有对称的小孔，用于固定箭柲。长 3.5、銎长 1.8、銎径 1、锋间距 2.2~2.4 厘米（图三〇，14）。

圆锥锋镞　2 件。

形制完全相同。镞身由前后两部分组成，前端呈三角形，锋呈三棱锥状，后端为圆形銎。

标本 M560：98-1，长 2.3、銎长 1.4、銎径 1 厘米（图三〇，15）。

标本 M560：98-2，稍短。长 2.1、銎长 1.2、銎径 1 厘米（图三〇，16）。

（三）工具

共凿、削、刻刀三种，计有 8 件，重 0.55 千克。均出土于椁室东南角。

1. 凿　2 件。

重 0.26 千克。大小、重量相当，形制不同。铜凿下半部实心，上半部空心，出土时銎内残存朽木。

标本 M560：52，平面呈倒梯形，顶端銎口为长方形，器身上部斜直，下端收于刃端，双面刃，锋平直。高 14、刃宽 0.9 厘米，銎口长 1.9、口宽 1、銎深 6 厘米（图三一，1；图版二八，1）。

标本 M560：54，断面呈半圆形，单面刃，锋部圆弧。高 14.9、刃宽 2 厘米，銎径 1.6、銎深 6.4 厘米（图三一，2；图版二八，2）。

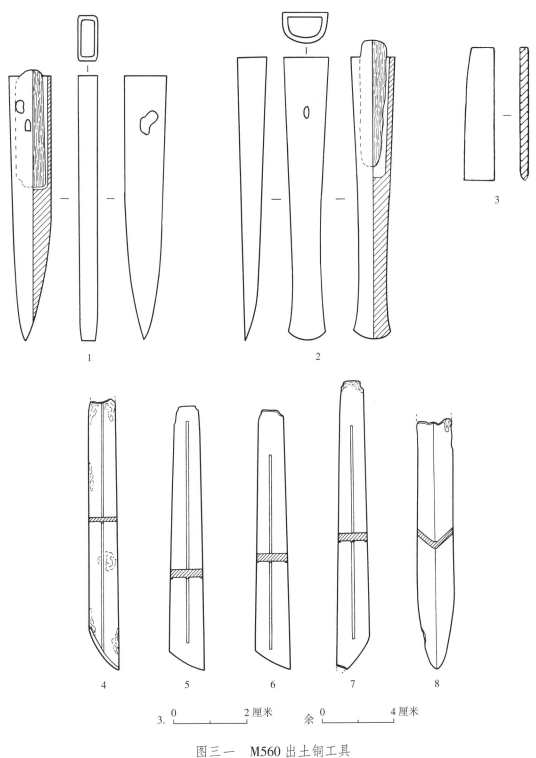

图三一　M560 出土铜工具

1、2. 凿（M560：52、54）　3. 削（M560：11）　4~8. 刻刀（M560：55~59）

2. 削　1 件。

标本 M560∶11，长条片状，顶端窄而刃部宽。出土时顶端套接木质握手。长 3.6、宽 0.9、厚 0.25 厘米。重 0.01 千克（图三一，3；图版二八，3）。

3. 刻刀　5 件。

重 0.28 千克。依形制不同分两型。

A 型　4 件。器身作扁平长条状，边缘较厚，顶端窄，刃部稍宽。顶端平齐，刃部斜直。

标本 M560∶55，残长 14.3、宽 1.55、厚 0.3 厘米。重 0.05 千克（图三一，4；图版二八，4）。

标本 M560∶56，长 14、上宽 1.4、下宽 1.9、厚 0.4 厘米。重 0.06 千克（图三一，5；图版二八，5）。

标本 M560∶57，长 13.7、上宽 1.3、下宽 1.9、厚 0.4 厘米。重 0.06 千克（图三一，6；图版二八，6）。

标本 M560∶58，单面刃，刃尖残。残长 15.2、上宽 1.3、下宽 1.8、厚 0.4 厘米。重 0.06 千克（图三一，7；图版二八，7）。

B 型　1 件。断面横折呈三角形。

标本 M560∶59，顶残。残长 13.2、宽 2、厚 0.3 厘米。重 0.05 千克（图三一，8；图版二八，8）。

（四）车器

发现軎、辖、銮铃三种，共 16 件，总重 6.04 千克。大多出土于椁室东侧。

1. 軎　3 件。

重 1.23 千克。形制相同，内、外壁均为圆筒状，中部大多有两周凸弦纹将軎分为内、外两端，外端封闭、较细，内端开口、较粗，两侧有长方形对穿辖孔。

标本 M560∶68，较小。外端自里向外饰两周凸弦纹和重环纹、波曲纹，端面饰重环纹。长 10.3、外端直径 4.6、内端直径 5.7 厘米。重 0.35 千克（图三二，1；图版二九，1、2）。

标本 M560∶69，较大。外端自里向外饰两周凸弦纹和重环纹、窃曲纹，端面饰卷云纹。长 11.9、外端直径 4.3、内端直径 5.9 厘米。重 0.46 千克（图三二，2；图版二九，3、4）。

标本 M560∶70，外端自里向外饰两周凸弦纹和重环纹、窃曲纹，端面饰重环纹。长 12.2、外端直径 4.2、内端直径 5.8 厘米。重 0.42 千克（图三二，3；图版二九，5）。

2. 辖　5 件。

重 1.18 千克。其中标本 M560∶47-1 与 M560∶47-2 出土于椁室西南角，标本 M560∶47-3 与 M560∶47-4 出土于椁室东侧靠北，它们两两形制、纹饰、大小基本相同，当各为一套。M560∶47-5 出土于椁室东南角。

据辖首形状，可分为兽首辖和素面辖两种。

（1）兽首辖　4 件。辖首正面为兽首形，兽首双目外凸，鼻部凸起，鼻端有两鼻孔，桃形耳。两侧面中间有一贯通孔，辖键为扁长方形，末端为斜边。

标本 M560∶47-1，长条口露齿。通长 11.9 厘米，辖键长 8.2、宽 1.1、厚 2.3 厘米（图

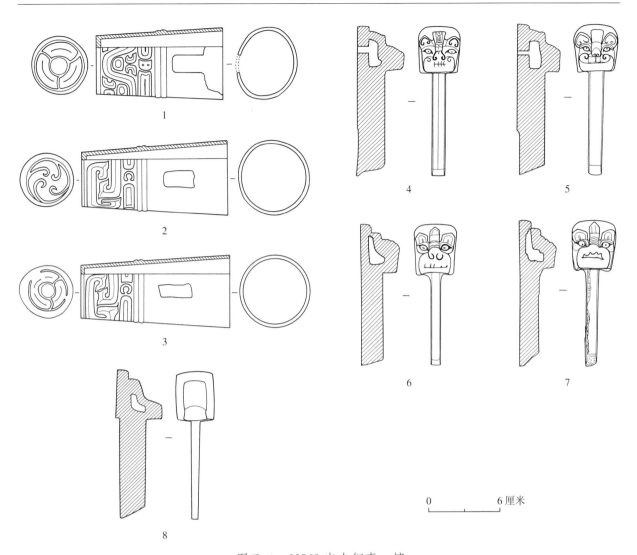

图三二　M560 出土铜軎、辖

1~3. 軎（M560：68~70）　　4~8. 辖（M560：47-1~47-5）

三二，4；图版二九，6）。

　　标本 M560：47-2，无齿。通长 12 厘米，辖键长 8.3、宽 1.2、厚 2.3 厘米（图三二，5；图版二九，6）。

　　标本 M560：47-3，上牙床无齿。通长 11.2 厘米，辖键长 7.4、宽 0.8、厚 1.8 厘米（图三二，6；图版二九，7）。

　　标本 M560：47-4，月牙形口，下牙床无齿。通长 11.6 厘米，辖键长 7.8、宽 1、厚 2 厘米（图三二，7；图版二九，7）。

　　（2）素面辖　1 件。辖首正面呈台阶状，素面；背面为长方形。

　　标本 M560：47-5，通长 11.7 厘米，辖键长 7.8、宽 0.7、厚 2.1 厘米（图三二，8；图版二九，8）。

　　3. 銮铃　8 件。

　　重 3.63 千克。形制基本相同，大小有别。器上部为铃体，下部为方座。铃体外缘呈椭圆形，正、背两面的中部均为半球形铃腔，正面自中心向外呈辐射状排列 6~8 个三角形镂孔，铃腔内存有铜质弹丸。下部銮形座近长方体，上细下粗，正、背面下端各有一圆形穿孔，用以与其他车器连接时起绑缚作用，上端的三角形小孔能起到铸造时固定内范的作用。同时还有 5 条竖行凸线，并间以两行 4 个菱形凸起，起装饰作用。两侧面下端各有一圆形穿孔，亦起固定作用。可分大、小两种。

（1）大銮铃　6 件。

通高 16~18 厘米。

标本 M560：14-1，正面有 8 个三角形镂孔。通高 17.5 厘米，铃体长径 10.2、短径 8.4 厘米，銮口长 5、宽 3.6 厘米（图三三，1；图版三〇，1、2）。

标本 M560：14-5，制作较粗糙。正面有 7 个三角形镂孔。通高 17.9 厘米，铃体长径 9.7、短径 8.2 厘米，銮口长 5、宽 2.8 厘米（图三三，2；图版三〇，3、4）。

（2）小銮铃　2 件。

通高在 13 厘米左右。

标本 M560：14-6，制作粗糙。正面有 6 个三角形镂孔。通高 13 厘米，铃体长径 7.2、短径 5.7 厘米，銮口长 4.3、宽 2.5 厘米（图三三，3；图版三一，1、2）。

（五）马器

共 220 件。计有衔、镳、节约、管（络饰组件）、带扣、小腰、环、策共 8 种。总重 2.84 千克。其中由衔、镳、节约、管组合的络饰，共发现 4 套，重 2.32 千克。

M560：25，由 1 套马衔镳、2 件"X"形节约、4 件"十"字形节约及 54 件管构成。重 0.62 千克（图三四，1；图版三二，1）。

M560：74，由 1 套马衔镳、2 件"X"形节约、4 件"十"字形节约及 55 件管构成。重 0.62 千克（图三四，2；图版三二，2）。

M560：10，由 1 套马衔镳、2 件"X"形节约、2 件"十"字形节约及 26 件管组成。重 0.51 千克（图三四，3；图版三二，3）。

M560：66，由 1 套马衔镳、2 件"X"形节约、4 件"十"字形节约及 27 件管组成。重 0.57 千克（图三四，4；图版三二，4）。

现分类介绍如下。

1. 衔　6 件。

均与镳成套出土。形状基本相同，长短相差无几，均由两个"∞"形铜环套接而成。标本 M560：21，通长 21.5 厘米，环内径 2.1、外径 3.5 厘米（图三五，1；图版三一，4）。

2. 镳　6 套 12 件。

4 套处于成套络饰内，2 套未能复原成套。每一套镳的形制、纹饰、大小相同，且左右相对。器身呈弧形弯曲状。以镳首形状的差异，分为两型。

A 型　龙首镳　3 套。

标本 M560：66-1，镳首卷曲成龙首形，末端饰龙首纹，中部饰三组变形蝉纹。长 8.5、宽 1.5、厚 0.3 厘米（图三五，2；图版三一，3）。

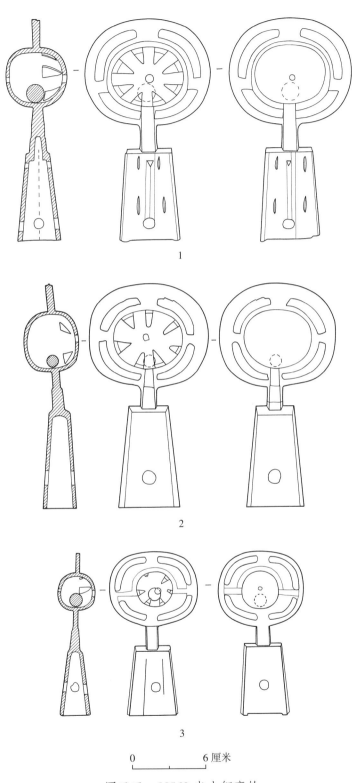

0　　　　　　6厘米

图三三　M560 出土铜銮铃
1、2. 大銮铃（M560：14-1、14-5）　　3. 小銮铃（M560：14-6）

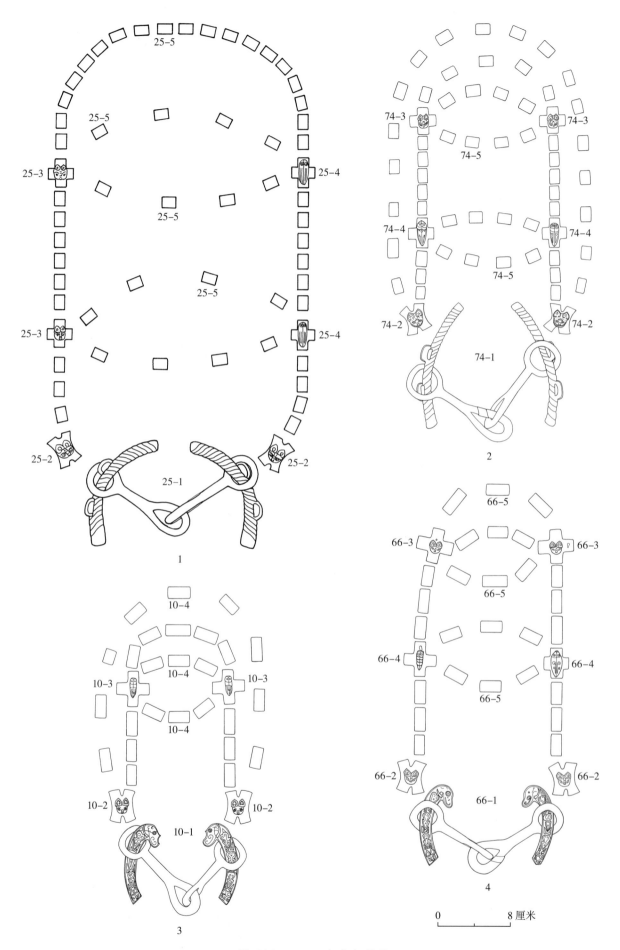

图三四　M560 出土铜络饰

1~4. M560：25、74、10、66（25-1、74-1、10-1、66-1 为马衔镳，25-2、74-2、10-2、66-2 为"X"形节约，25-3、74-3、66-3 为兽面纹"十"字形节约，25-4、74-4、10-3、66-4 为蝉纹"十"字形节约，25-5、74-5、10-4、66-5 为管）

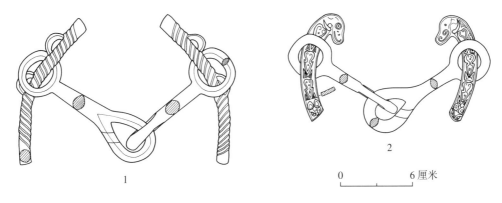

图三五　M560 出土铜衔镳
1、2. M560：21、66-1

B 型　无首镳　3 套。

标本 M560：21，上端粗，下端渐细，断面为圆形，背部有两个半圆形穿。身饰纽丝纹。长 12.6、直径 1.3 厘米（图三五，1；图版三一，4）。

3. 节约　22 件。

均为络饰组件。为双管交叉且相通的形状，背面皆有镂孔。依其形态不同分为两种。

（1）"X"形节约　8 件。

器身呈"X"形，椭圆管。正面中部饰兽面纹，桃形耳，"臣"字目或圆形目或杏核目，鼻梁高耸。背部有方形或菱形镂孔。

标本 M560：66-2，兽面纹双目为"臣"字目。较大。长 3.6、宽 3、管径 1.2 厘米（图三六，1；图版三三，1、2）。

标本 M560：25-2，兽面纹双目为圆形目。较小。长 3、宽 2.8、管径 1.3 厘米（图三六，2；图版三三，3、4）。

标本 M560：74-2，兽面纹双目为杏核目。较小。长 3.1、宽 2.8、管径 1.2 厘米（图三六，3；图版三三，5、6）。

（2）"十"字形节约　14 件。

形制基本相同。以正面纹样的差异，分为兽面纹"十"字形节约和蝉纹"十"字形节约两种。

A. 兽面纹"十"字形节约　6 件。

正面中部饰兽面纹，背面有"十"字形、菱形或方形穿孔。

标本 M560：66-3，背面有方形镂孔。较大。长 3.6、宽 3.9、管径 1.4 厘米（图三六，4；图版三四，1、2）。

标本 M560：25-3，背面有不规则形镂孔。较小。长 2.9、宽 3、管径 1.3 厘米（图三六，5；图版三四，3、4）。

标本 M560：74-3，背面有菱形镂孔。较小。长 3、宽 3、管径 1.3 厘米（图三六，6；图版三四，5、6）。

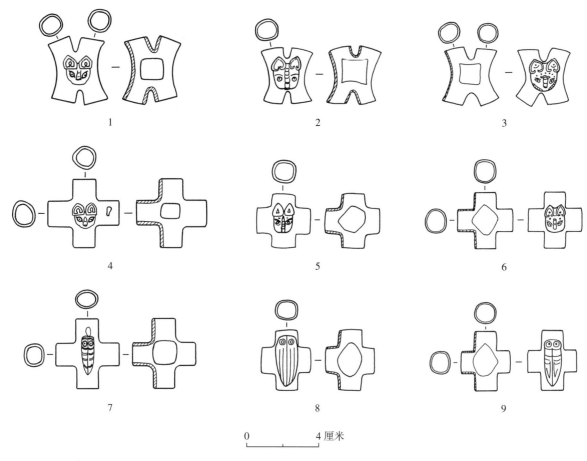

图三六　M560 出土铜节约

1~3. "X" 形节约（M560：66-2、25-2、74-2）　4~6. 兽面纹 "十" 字形节约（M560：66-3、25-3、74-3）　7~9. 蝉纹 "十" 字形
节约（M560：66-4、25-4、74-4）

　　B. 蝉纹 "十" 字形节约　8 件。

　　正面纵向饰一凸脊蝉纹，双圆目，身体修长。背部有方形或近菱形镂孔。蝉纹脊背亦有
高低之分。

　　标本 M560：66-4，较大。长 3.7、宽 3.5、管径 1.3 厘米（图三六，7；图版三五，1、2）。

　　标本 M560：25-4，较小。长 3.2、宽 2.8、管径 1.3 厘米（图三六，8；图版三五，3、4）。

　　标本 M560：74-4，较小。长 3.2、宽 2.7、管径 1.2 厘米（图三六，9；图版三五，5、6）。

　　4. 管　162 件。

　　均为络饰组件。为圆管，素面。大小、粗细略有不同。长 1.4~2.1、直径 0.9~1.2 厘米（见
图三四）。

　　5. 带扣　7 件。

　　重 0.37 千克。器身正面为兽首形，并向上隆起，背面相应凹陷，且设一横梁。兽首双角，
倒 "八" 字眉，圆形凸目，牛形鼻或人形鼻，两獠牙突出。依正面形态差异分两种。

　　（1）兽首形有穿带扣　4 件。

　　兽首双角间有长条形穿孔，背面横梁为宽带状。

标本 M560：45，较大，牛形鼻。高 5.4、宽 4.8、厚 1.9 厘米（图三七，7；图版三六，1）。

标本 M560：65，较小，人形鼻。高 5、宽 4.1、厚 1 厘米（图三七，1、2；图版三六，2）。

（2）兽首形无穿带扣　3 件。

兽首双角间有豁口无穿，背部横梁为圆柱状。

标本 M560：71，较大，牛形鼻。高 5.4、宽 4.8、厚 1.9 厘米（图三七，3、4；图版三六，3）。

标本 M560：67，较小，人形鼻。高 5、宽 4.3、厚 1.3 厘米（图三七，5、6；图版三六，4）。

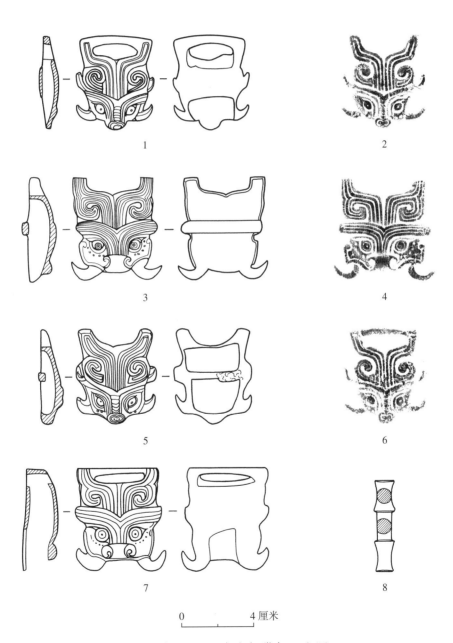

0　　　　4 厘米

图三七　M560 出土铜带扣、小腰

1、2、7.兽首形有穿带扣（M560：65、M560：65 纹饰拓本、M560：45）　3~6.兽首形无穿带扣（M560：71、
M560：71 纹饰拓本、M560：67、M560：67 纹饰拓本）　8.小腰（M560：13-2）

6. 小腰　2 件。

重 0.06 千克。两端呈束腰竹节状，中段较细，断面为圆形。标本 M560：13-2，长 4.8、两端直径 1.2 厘米（图三七，8）。

7. 环　5 件。

重 0.05 千克。均为圆形环，断面亦为圆形。可分大、小两种。

（1）大环　3 件（图版三六，9）。

标本 M560：89-1，直径 5、断面直径 0.6 厘米（图三八，1）。

标本 M560：89-5，出土于墓道北端。稍小。直径 3.3、断面直径 0.4 厘米（图三八，2）。

（2）小环　2 件（图版三六，10）。

标本 M560：89-4，直径 1.4、断面直径 0.25 厘米（图三八，3）。

8. 策　4 件。

重 0.04 千克。仅存铜策末端，钻头为椭圆形或三棱锥状，均套有骨管。

标本 M560：73-1，三棱锥状。高 5.8、宽 0.6 厘米，骨管高 2.9、直径 1.9 厘米（图三九，1；图版三六，6）。

标本 M560：73-2，断面为四棱形。高 4、长径 0.6 厘米，骨管高 2.4、直径 1.8 厘米（图三九，2；图版三六，7）。

标本 M560：73-3，断面为椭圆形。高 6.5、长径 0.8 厘米，骨管高 2.3、直径 1.8 厘米（图三九，3；图版三六，8）。

标本 M560：96，圆锥状，顶端套接骨管，后端接一残长 35 厘米、直径 0.8 厘米的木柲。高 8.8、最大径 1 厘米，骨管高 4.2、直径 1.2 厘米（图三九，4、5；图版三六，5）。

（六）棺饰

共清理棺饰 511 件，计有翣、板、铃、鱼、钉五种，总重 7.425 千克。

1. 翣　3 件。

重 1.43 千克。编号 M560：8-1~8-3，出土于椁室中部及西侧（见图一二）。腐朽严重，形状、尺寸基本相同。

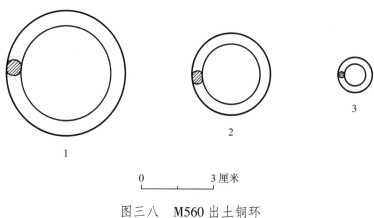

图三八　M560 出土铜环

1、2. 大环（M560：89-1、89-5）　3. 小环（M560：89-4）

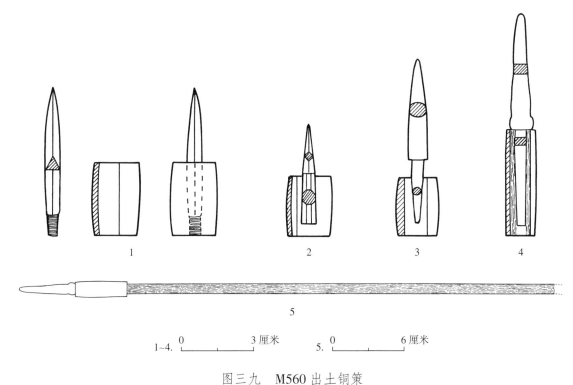

图三九　M560 出土铜策

1~4. M560：73-1、73-2、73-3、96　5. M560：96 复原图

标本 M560：8-2，翣身有压印的简化龙纹。翣身长 33、宽 25、厚 0.2 厘米，翣首长 20、宽 6 厘米（图版三七，1）。

2. 板　4 件。

重 0.455 千克。腐朽严重。两两出土于外棺盖板西北角与西南角，其中西南角的铜板叠压于铺席之上。最大者长 30、宽 13 厘米，最小者长 15、宽 11 厘米。现场能看出其形状大体为长方形，有弯钩和镂孔，其功用应为悬挂棺饰铜鱼（见图一二）。

标本 M560：9-2，出土于外棺盖板西南角。长 26、宽 10、厚 0.2 厘米。

3. 小铃　8 件。

重 0.56 千克。均出土于椁室东部。其形状、纹样、大小基本相同。平顶，有环形纽，铃腔内有槌状铃舌；纽下顶面有一穿孔，用以绑缚铃舌。铃体上细下粗，下口边缘向上拱弧，器身断面为椭圆形（图版三七，3）。

标本 M560：22-1，纽下顶面穿孔为方形。高 6.3、上宽 2.7、下口宽 3.5 厘米（图四〇，1；图版三七，4）。

标本 M560：22-5，纽下顶面有两个圆形穿孔。高 6、上宽 2.8、下口宽 4 厘米（图四〇，2；图版三七，5）。

4. 鱼　456 件。

重 4.77 千克。遍及棺木周围，并与石贝、海贝、蚌壳、蛤蜊等共同组成串饰，当为棺罩之组件。铜鱼形状、纹样、大小基本相同。鱼身作扁薄的长条形，背部、腹部和臀部各有

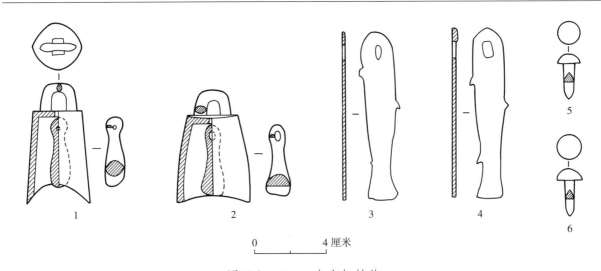

图四〇　M560 出土铜棺饰

1、2. 小铃（M560：22-1、22-5）　　3、4. 鱼（M560：7-31a、7-22a）　　5、6. 钉（M560：24-91、24-92）

一鳍，头端有一椭圆形或不规则形穿孔，作为鱼眼，可串系。皆为素面。长 8.8~9.2、宽 1.7~2
厘米（图版三七，6）。

标本 M560：7-31a，长 8.9、身宽 1.9、厚 0.2 厘米（图四〇，3）。

标本 M560：7-22a，长 9、身宽 1.8、厚 0.3 厘米（图四〇，4）。

5. 钉　40 件。

重 0.21 千克。形状、大小基本相同。遍及棺木周围，与骨钉同时使用。钉帽顶面隆起，
钉身为三棱锥状，锋尖锐（图版三七，2）。

标本 M560：24-91，长 2.4、帽直径 1.2 厘米（图四〇，5）。

标本 M560：24-92，长 2.5、帽直径 1.4 厘米（图四〇，6）。

二、玉器

M560 共发现玉器 55 件，除填土出土 1 件玉璧、椁室东壁出土 1 件玉端饰和外棺盖板上
出土 1 件玉铲外，其余玉器均出自棺内。器类计有璧、鱼形佩、蚕形佩、铲、龙形觿、柄形器、
端饰、方管和握、口琀等十种。另外，还有 18 件海贝，或作口琀，或作玉握组件，或作脚
踝装饰，在此一并叙述。

（一）礼玉

3 件。仅璧一种。

标本 M560：28，出土于墓主腹部。青白玉，冰青色，局部受沁，有黄褐色和淡黄色斑
块，玉质细腻，半透明。正圆形，薄厚不匀。素面。外径 12.2、孔径 6.3、厚 0.4~0.6 厘米（图
四一，4；图版三八，1）。

标本 M560：82，出土于墓主胸部。青白玉，很小部分受沁，有黄色斑块，玉质细腻，
半透明。外缘近正圆形，薄厚不匀。两面纹饰相同，均雕琢四条龙纹，椭圆形目，两龙共用
一目。外径 13、孔径 7、厚 0.1~0.25 厘米（图四一，1~3；图版三八，2、3）。

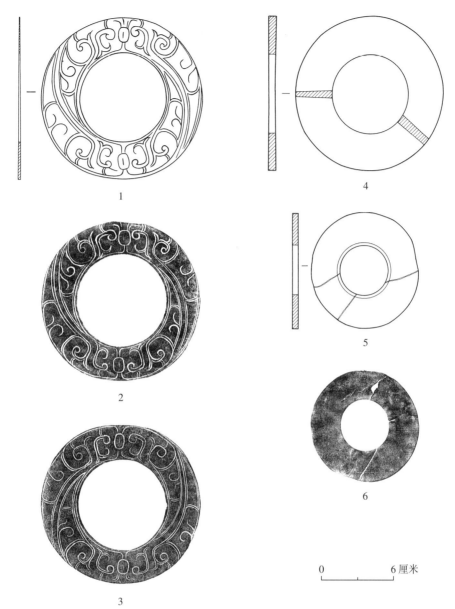

图四一　M560 出土玉璧

1. M560：82　2. M560：82 拓本（A 面）　　3. M560：82 拓本（B 面）　4. M560：28　5. M560：填 1　6. M560：填 1 拓本

　　标本 M560：填 1，出土于墓道填土内。断为两节，已修复。青玉，灰白色，局部有黑褐色斑块，局部表面因受沁而生成结核。内孔为单面钻，非正圆形，薄厚不匀。素面。外径 9.2、孔径 4~4.4、厚 0.4~0.5 厘米（图四一，5、6）。

　　（二）佩玉

　　2 件。计有鱼形佩和蚕形佩两种。

　　1. 鱼形佩　1 件。

　　标本 M560：78，出土于墓主下颌处。白玉，仅在鱼首部有少许黄褐色沁色和绺裂，玉质细腻，半透明。鱼口部有穿孔，身体呈弧形，鱼尾分叉。素面。长 9.35、宽 2、厚 0.2~0.3 厘米（图四二，1、2；图版三九，1）。

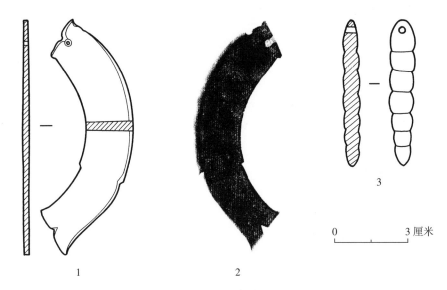

图四二　M560 出土玉佩

1. 鱼形佩（M560∶78）　 2. 鱼形佩（M560∶78）拓本　3. 蚕形佩（M560∶26）

2. 蚕形佩　1件。

标本 M560∶26，出土于墓主胸部。白玉，蚕首部有少许白化，玉质细腻，抛光极佳，微透明。蚕首呈尖圆状，并有穿孔，蚕身分六节，蚕尾亦呈尖圆状。长 5.8、宽 1、厚 0.7厘米（图四二，3；图版三九，2）。

（三）用具

4 件。计有铲和龙形觿两种。

1. 铲　1件。

标本 M560∶32，出土于外棺盖板上。碧玉，因受沁颜色斑驳。器身呈扁长条形，顶端平齐、稍残，单面刃较平，刃部稍宽。素面。高 11.2、上端宽 2、下端宽 2.2、厚 0.3 厘米（图四三，7；图版三九，3）。

2. 龙形觿　3件。

弧形，龙首并有穿孔，龙尾尖锐。根据题材不同可分两型。

A 型　2件。

形似獠牙，断面为圆角方形。双面工，龙首琢有椭圆形目，卷鼻，角上有穿孔，龙身有两条平行线纹。

标本 M560∶31，出土于墓主左臂处。白玉，因受沁而大部分呈褐色，微透明。长 7、宽 0.9、厚 0.6 厘米（图四三，1、2；图版三九，4）。

标本 M560∶80，出土于墓主胸部。一面仅雕琢平行线纹，龙首部未做任何装饰。长 7.2、宽 1.1、厚 0.5 厘米（图四三，3、4；图版三九，5、6）。

B 型　1件。

标本 M560∶81，出土于墓主胸部。青绿玉，局部受沁白化，器表附着有泥土和朱砂。玉觿前端纹饰设计较为特殊，是望向相反方向的两龙首，两龙首共享圆形眼睛和向上收尖的额尖，

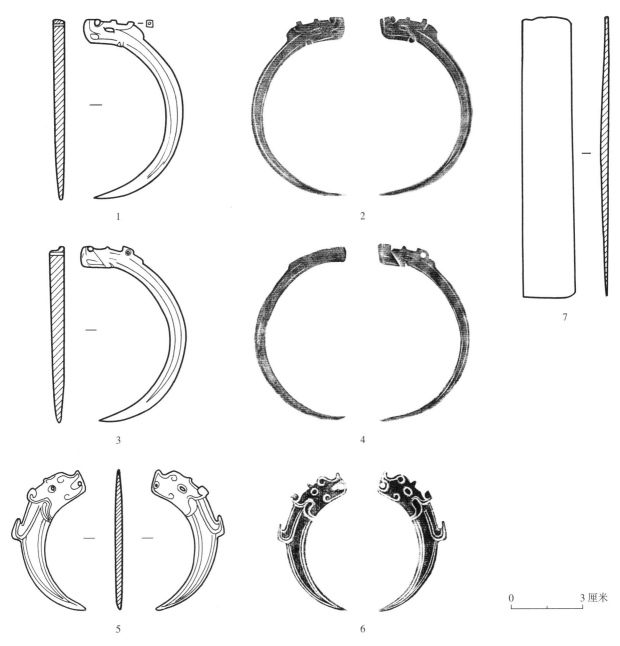

图四三　M560 出土玉龙形觿、铲

1. 龙形觿（M560：31）　　2. 龙形觿（M560：31）拓本　　3. 龙形觿（M560：80）　　4. 龙形觿（M560：80）拓本　　5. 龙形觿（M560：81）
6. 龙形觿（M560：81）拓本　　7. 铲（M560：32）

并相互借用局部特征以及轮廓。望向前方的龙首以系带穿孔为龙嘴，龙额、鼻、下颌和玉觿轮廓相结合，望向后方的龙首鼻端及内卷长舌则同时作为前望龙首的头角和头部后方轮廓。由于此种特别设计，望向后方龙首的头角和头部后方轮廓自然也和前望龙首的额、鼻、下颌相结合。龙首端有对钻孔。长 5.5、宽 1.4、厚 0.3 厘米（图四三，5、6；图版三九，7、8）。

（四）饰件

共 4 件。计有柄形器、端饰和方管三种。

1. 柄形器　2 件。

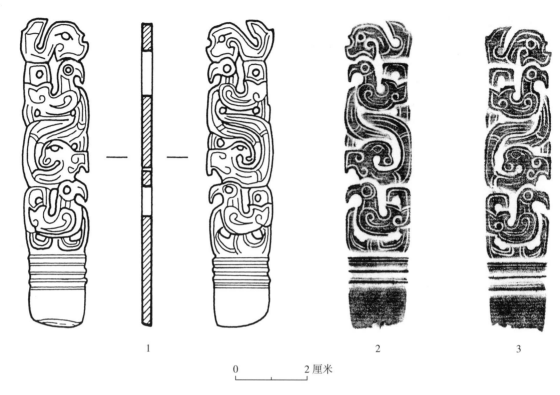

0　　　　2厘米

图四四　　M560 出土玉柄形器（M560：79）

1. 柄形器　2. A 面拓本　3. B 面拓本

　　标本 M560：79，出土于墓主左胸部。青白玉，局部受沁白化，器表局部有黑色附着物。纹饰自上而下共叠置四个母题，分别为龙、鸟、神人、鸟，居中的鸟尾和神人身躯相互交缠，以上母题和构图形式皆为西周中期偏晚阶段常见的特征。整体制作趋于简约，这也是西周中期偏晚阶段的特征，此特征除了表现在纹饰的琢磨技巧外，龙、鸟的尾部勾转以及神人的嘴部轮廓皆以单纯圆孔勾勒而成，其余各处镂空的轮廓也呈现相似的简练技巧。高 8、宽 1.8、厚 0.3 厘米（图四四，1~3；图版四〇，1、2）。

　　标本 M560：27，出土于墓主左胸部。白玉，因受沁大部分呈青灰色和黄褐色，微透明。扁长条形，顶端为圭首形，两侧边略内束，末端渐薄成刃，器身上宽下窄，其下部有一两面钻穿孔，下端一角残。柄部阴刻四周细线纹。高 12.7、上身宽 3.1、下身宽 2.2、厚 0.4 厘米（图四五，1、2；图版四〇，3、4）。

　　2. 端饰　1 件。

　　标本 M560：33，发现于椁室东部。出土时套接一圆形木柲，已朽，柲残长 17、直径 0.3 厘米。白玉，玉质细腻，无沁色，半透明。圆管状，采用掏膛工艺制成，两端内径较大。制作时虽经打磨，仍留有挖掏痕迹。同时采用减地法，器表凸起四只等距离分布的高浮雕蝉，蝉背凸起，蝉首向上，以对穿孔代表双目，尾部亦有穿孔，可供串缚装饰之用。配合每只蝉，在其器表相应处雕有蝉纹，三角形蝉首，方圆目，双翼，长尾，蝉身修长。器身下部加饰二道凹弦纹。下端有一单面钻孔，用于固定木柲。高 5、外径 3.1、内径 2.1~2.4 厘米，高浮雕蝉长 1.5、宽 0.8、高 0.5 厘米（图四五，3；图版四〇，5、6）。

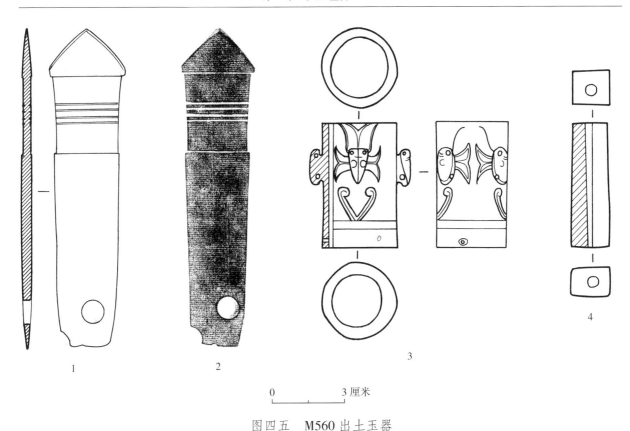

0 _____ 3厘米

图四五　M560 出土玉器

1. 柄形器（M560：27）　2. 柄形器（M560：27）拓本　3. 端饰（M560：33）　4. 方管（M560：34）

3. 方管　1件。

标本 M560：34，出土于墓主颅骨下。白玉，局部因受沁有黄色斑块和绺裂，玉质细腻，微透明。中部有贯通穿孔，系两面钻。素面。长5、宽1.6、厚1.2厘米（图四五，4；图版四〇，7）。

（五）殓玉（含海贝）

1. 口琀　40件。为标本 M560：83-1~83-40。

经观察，口琀玉质庞杂，有白玉、青白玉、青玉、碧玉等。它们个体甚小，大者长3.3厘米，小者长仅0.7厘米。均为璧、环、管等玉器残片，其中带纹饰者25块，个别残块带有穿孔，有些残块边缘稍作修磨，说明墓主生前将此收集，以备口琀之用（图四六，1；图版四一，1）。

墓主口中还含有海贝8件。海贝形态相同，大小相差无几（图版四一，2）。

标本 M560：84-1，长2.4、宽1.8厘米（图四六，2）。

标本 M560：84-2，长2、宽1.7厘米（图四六，3）。

2. 握　2件。

左、右手握各1件，均为柄形器，长条形，较厚，上端略内收，中部有纵向贯通穿孔。它们两端分别连接1件和2件海贝。

（1）左手握　1件。

标本 M560：29，白玉，微透明，局部有白化和黄色斑块。竹节状柄形器，柄部略薄，

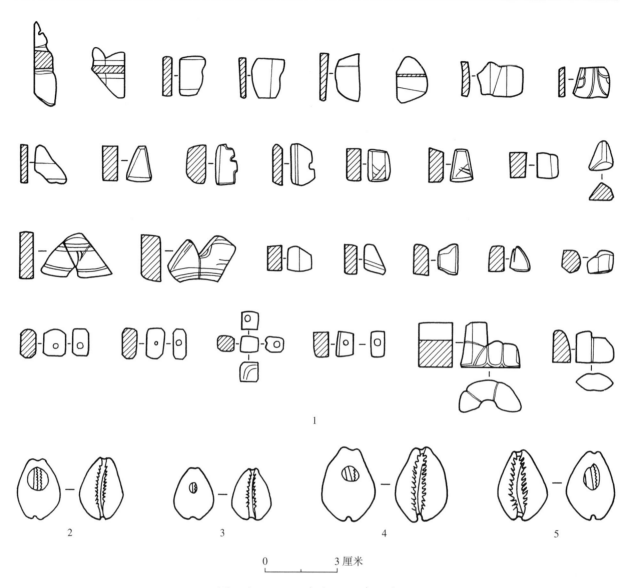

0 ——— 3 厘米

图四六　M560 出土玉口琀、海贝

1. 口琀玉（M560：83-1～83-29）　2、3. 口琀海贝（M560：84-1、84-2）　4、5. 脚踝饰海贝（M560：85-1、86-1）

至下端渐厚，器身下部一侧有半圆形缺口。长 10.6、宽 2、厚 0.8~1.1 厘米（图四七，1、3；图版四一，4~6）。

（2）右手握　1件。

标本 M560：30，白玉，微透明，玉质细腻，局部有白化和黄色斑块，并伴有绺裂。器体呈长方体，上宽下窄，上薄下厚。器身中部内束，柄部上端琢一周折线纹。器身上、下两处四角琢制凸起蝉纹，其间装饰两组凸弦纹，每组 3 条。正面纹饰少许磨损，而背面纹饰大多已磨去，连凸起的蝉纹也大多磨平，两侧面纹饰保存较好。长 11.5、宽 2~2.5、厚 0.8~1 厘米（图四七，2、4；图版四一，7~9）。

3. 脚踝饰海贝　4件。

左、右脚踝处各出土 2 件海贝（见图一九；图版四一，3）。

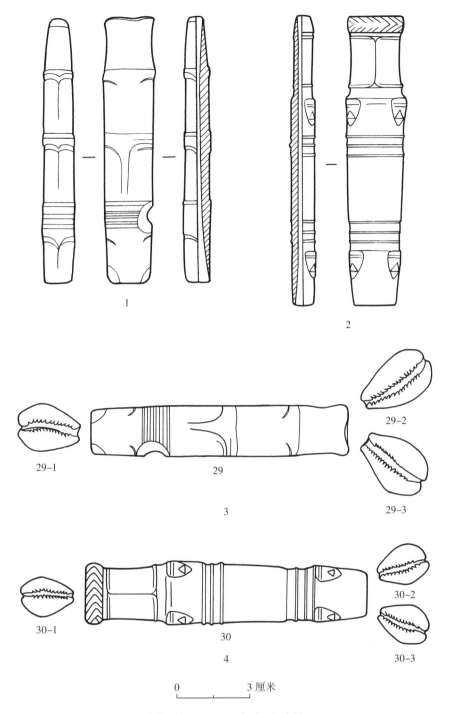

图四七　M560 出土玉手握

1. 左手玉握（M560：29）　2. 右手玉握（M560：30）　3. 左手玉握复原图　4. 右手玉握复原图

标本 M560：85-1，左脚踝处海贝。长 3、宽 2.2、厚 1.4 厘米（图四六，4）。

标本 M560：86-1，右脚踝处海贝。保存较差。长 2.8、宽 2、厚 1.4 厘米（图四六，5）。

三、石器

共发现 108 件。除少量石圭、砺石、石泡外，其余均为饰棺串饰组件——石贝。

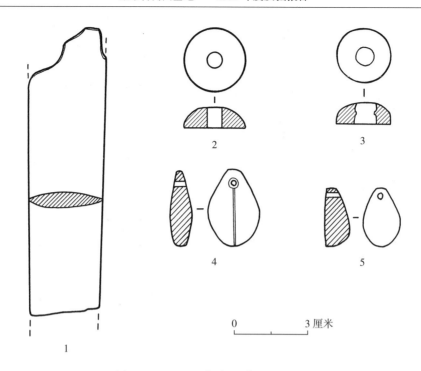

图四八　M560 出土石圭、泡、贝

1. 圭（M560：49）　2、3. 泡（M560：64-1、64-4）　4、5. 贝（M560：4-34b、4-35b）

1. 圭　1 件。

标本 M560：49，白色，打磨光滑。两端均残。一面有脊，另一面内凹。残长 11.4、宽 3.1、厚 0.6 厘米（图四八，1；图版四二，1）。

2. 砺石　7 件。

均为红砂岩。大多保存完好，制作规整（图版四二，2）。依其形态分为两种。

（1）方柱状砺石　2 件。断面为长方形。

标本 M560：12-1，较长，边角有修整。长 42、宽 3.9、厚 3 厘米（图四九，1；图版四二，3）。

标本 M560：12-2，稍短。长 33.4、宽 3.4、厚 2.8 厘米（图四九，2；图版四二，4）。

（2）长方形砺石　5 件。断面为扁平长方形。

标本 M560：12-3，较大，两面未见磨蚀痕迹。长 40.5、宽 7.8、厚 1.8 厘米（图四九，3；图版四二，5）。

标本 M560：12-4，稍小。长 21、宽 5.2、厚 1.7 厘米（图四九，4）。

标本 M560：12-5，断成三截。中部厚，两端薄。长 19.4、宽 4.4、中部厚 0.6 厘米（图四九，5）。

标本 M560：12-6，较短，体较厚。长 14.2、宽 3.1、厚 1.8 厘米（图四九，6）。

标本 M560：12-7，断成两截。较短。长 13.8、宽 3.4、厚 0.5 厘米（图四九，7）。

3. 泡　12 件。

皆圆形，上面鼓起，下面平整，中间有穿孔。大小略有差异（图版四三，1）。

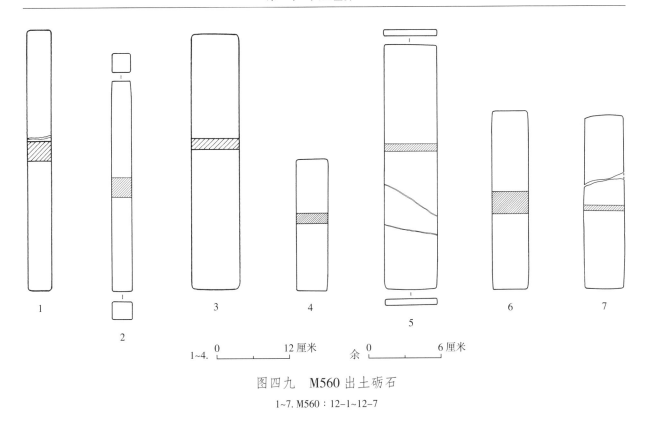

图四九 M560 出土砺石
1~7. M560：12-1~12-7

标本 M560：64-1，稍大。直径 2.5、孔径 0.6、厚 0.85 厘米（图四八，2）。

标本 M560：64-4，稍小。直径 2.2、孔径 0.7、厚 0.8 厘米（图四八，3）。

4. 贝　88 件。

均与铜铃、铜鱼、蛤蜊、海贝一起出土于棺罩周围，为饰棺串饰组件。石贝质地较粗，大多呈白色。上端呈尖状，下端呈弧形，正面隆起，背面或平整或隆起，少数背面中部纵向刻一凹槽，上端有一圆形穿孔。分大、小两种。

（1）大石贝　46 件。高 3 厘米左右（图版四三，2）。

标本 M560：4-34b，高 3、宽 2.1、厚 0.9 厘米（图四八，4）。

（2）小石贝　42 件。高 2.2 厘米左右（图版四三，3）。

标本 M560：4-35b，高 2.3、宽 1.5、厚 1 厘米（图四八，5）。

四、骨角器与蚌器

（一）骨角器

共 76 件。计有兵器、工具、马器、骨钉和卜骨等五类，另有鹿角。

1. 兵器

仅骨镞 7 件（图版四四，1）。以形态可分三种。

（1）圆锥状镞　5 件。

标本 M560：93-3，锋钝，圆銎，铤残。残长 3.3、直径 1.2 厘米（图五〇，1）。

标本 M560：93-4，制作规整。锋锐，銎内铤残。长 5.1、直径 1.4 厘米（图五〇，2）。

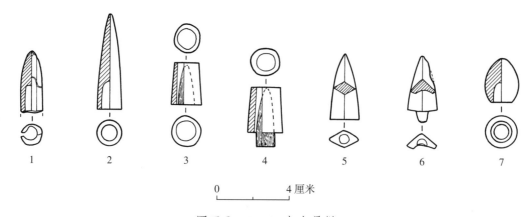

图五〇　M560 出土骨镞

1~7. M560：93-3、93-4、93-6、93-7、93-1、93-2、93-5

标本 M560：93-6，骨镞套入骨管内。镞仅存锋部，骨管圆台状。镞残长 2、直径 0.9 厘米，骨管长 2.2、直径 1.4~1.7 厘米（图五〇，3）。

标本 M560：93-7，骨镞套入骨管内。镞仅存锋部。镞残长 3.1、直径 1 厘米，骨管长 2.4、直径 1.6~1.9 厘米（图五〇，4）。

标本 M560：93-5，近圆球状，锋钝，有銎，未发现铤。长 2.35、直径 1.8、銎径 0.8 厘米（图五〇，7）。

（2）菱形锋镞　1 件。

标本 M560：93-1，两面高脊，铤残。残长 3.5、宽 1.6 厘米（图五〇，5）。

（3）三角形锋镞　1 件。

断面为一边凹弧的三角形，尖锋，锐刃。

标本 M560：93-2，一面有脊，一面凹陷，这是保留动物肢骨形态的缘故，铤残。残长 3.6、宽 1.6 厘米，铤残长 0.6 厘米（图五〇，6）。

2. 工具

8 件。有角锥、骨管和骨器三种。

（1）锥　1 件。

标本 M560：15，利用动物的角制成。整体弧形，锋残。残长 8.8、顶端直径 1.2 厘米（图五一，1；图版四四，2）。

（2）管　6 件，其中 1 件出土于填土内。以断面形态可分方、圆两种。

A. 方管　1 件。

标本 M560：91-4，利用动物长骨修整而成。内壁为圆角方形，制作痕迹明显。长 8.9、断面长 1、断面宽 0.9 厘米（图五一，2；图版四四，4）。

B. 圆管　5 件，其中 4 件残。

标本 M560：填 2，断面大体呈圆形。长 2.4、直径 0.8 厘米（图五一，3；图版四四，5）。

（3）骨器　1 件。

标本 M560：23，疑为骨铲残器。顶端凹弧形，末端为弧刃，一侧平齐，一侧有纵向凹槽，

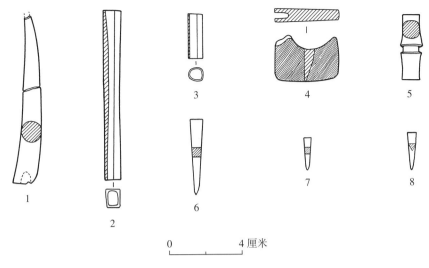

0 _____ 4 厘米

图五一　M560 出土骨器

1. 锥（M560：15）　　2、3. 管（M560：91-4、填2）　4. 骨器（M560：23）　5. 小腰（M560：92）
6~8. 钉（M560：24-9、24-25、24-5）

刃部两面使用痕迹明显。残高 2.5、宽 3.5、厚 0.7 厘米（图五一，4；图版四四，6）。

3. 马器

仅发现骨小腰 1 件。

标本 M560：92，中段为细圆柱形，两端稍粗，呈竹节状。长 3.5、直径 1.2 厘米（图五一，5；图版四四，7）。

4. 骨钉　52 枚。

呈三棱锥体或四棱锥体，可能为固定荒帷之用。分大、小两种（图版四四，8）。

A. 大骨钉　27 件。

标本 M560：24-9，四棱锥体。较长。长 4、直径 0.7 厘米（图五一，6）。

B. 小骨钉　25 件。

标本 M560：24-25，四棱锥体。较短。长 1.7、直径 0.4 厘米（图五一，7）。

标本 M560：24-5，三棱锥体。较短。长 2、直径 0.5 厘米（图五一，8）。

5. 卜骨　8 件。

集中出土于椁室西南部，附近有朱色漆皮残迹，分布范围 0.48 米 ×0.26 米，说明当时卜骨应先装入木匣后再随葬。均残。材质皆为牛肩胛骨，先行整治，去掉关节盂，锯切出臼角，去除背面的肩胛岗以及骨棱，使骨面平整。臼角附近有圆孔，多为牛鼻穿，便于系穿。骨面多施两圆钻夹一枣核形凿的"三联钻"，大小、深浅不一，钻、凿内多施灼。

标本 M560：48-1，臼角附近有一小穿孔。前、后角处皆被锯切，形成近"L"形角。正面可见 3 个圆钻以及 4 排 5 组"三联钻"，其中 2 组完整。钻内有灼痕。背面可见 10 排 21 组"三联钻"，其中 7 组完整。高 36、残宽 18.5 厘米（图五二，1；图版四五）。

标本 M560：48-2，臼角附近有一单面钻孔，骨扇中央有一穿孔。前、后角残缺，锯切情况不明。正面可见 3 组不完整的"三联钻"。背面可见 3 排 5 组不完整的"三联钻"。钻

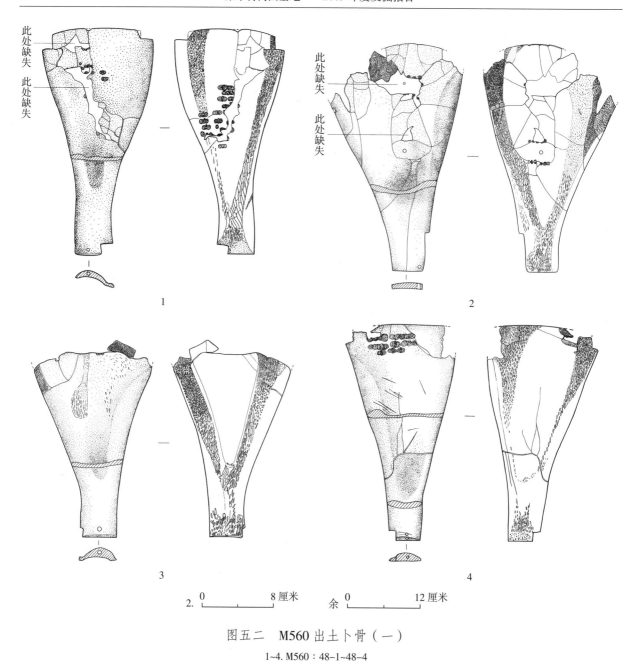

图五二　M560 出土卜骨（一）

1~4. M560：48-1~48-4

内有灼痕。高 24.2、残宽 14.4 厘米（图五二，2；图版四六）。

　　标本 M560：48-3，臼角附近有一牛鼻穿。前、后角残缺，锯切情况不明。正面可见 2 组不完整的"三联钻"。钻内有灼痕。高 31.2、残宽 19.6 厘米（图五二，3；图版四七）。

　　标本 M560：48-4，臼角附近有一牛鼻穿。前角被锯切，形成"L"形角。后角残缺，锯切情况不明。正面可见 3 排 13 组"三联钻"，其中 5 组完整。钻内有灼痕。高 34.2、残宽 18 厘米（图五二，4；图版四八）。

　　标本 M560：48-5，臼角附近有一小穿孔。后角处皆被锯切，形成"L"形角。前角残缺，锯切情况不明。骨扇残缺较多，正面可见 1 个圆钻和 2 组不完整的"三联钻"，无灼痕。高 29.1、残宽 14.9 厘米（图五三，1；图版四九）。

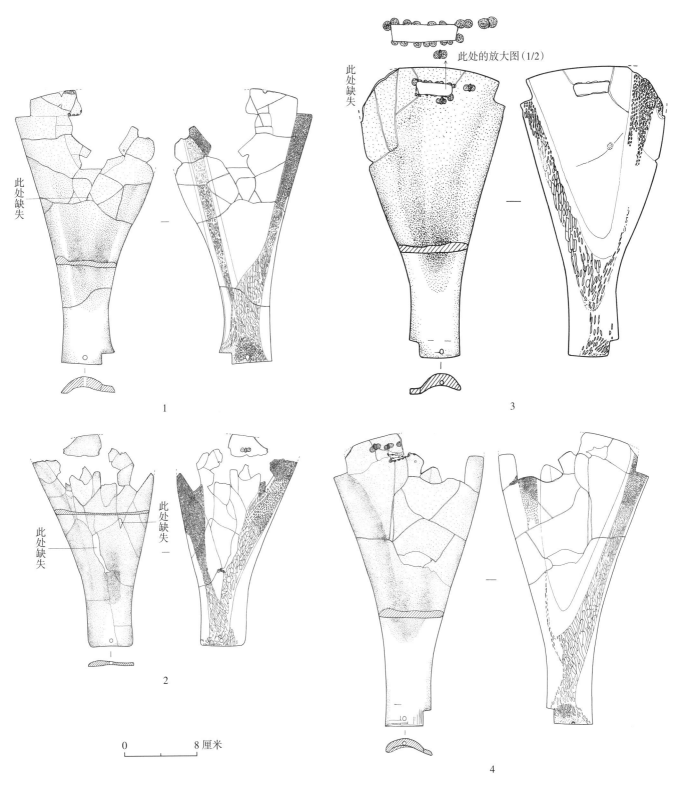

此处的放大图（1/2）

图五三 M560 出土卜骨（二）

1~4. M560：48-5~48-8

标本 M560：48-6，无臼角。下端有一小圆穿。前、后角残缺，锯切情况不明。背面可见 2 组"三联钻"，1 组不完整、有灼痕，1 组完整、无灼痕。高 22.4、残宽 13.1 厘米（图五三，2；图版五〇）。

标本 M560：48-7，臼角附近有一牛鼻穿孔。后角处皆被锯切，形成"L"形角。前角残缺，锯切情况不明。正面骨扇端残留 3 排 10 组"三联钻"，2 组完整。除第二排 2 组情况不明外，其他钻内皆有灼痕。高 30.8、残宽 16 厘米（图五三，3；图版五一）。

标本 M560：48-8，臼角附近有一牛鼻穿孔。前、后角处皆被锯切，形成"L"形角。正面骨扇端残留 3 排 7 组"三联钻"，不完整。钻内有灼痕。高 31、残宽 16.6 厘米（图五三，4；图版五二）。

6. 鹿角　1 件。

标本 M560：61，未经修整。长 23 厘米（图五四，1；图版四四，3）。

（二）蚌器

184 件。所发现的蚌壳、蛤蜊壳、蚌贝等皆为椁室之装饰，遍及椁室四侧板附近，以东侧分布最为密集。

1. 蚌壳　6 件。

皆扇形，形状相似，大小不一，首部打磨钻孔。

标本 M560：5-31d，较大。长 5.2、宽 4.3 厘米（图五四，2）。

标本 M560：5-23d，较小。长 3.8、宽 3.2 厘米（图五四，3）。

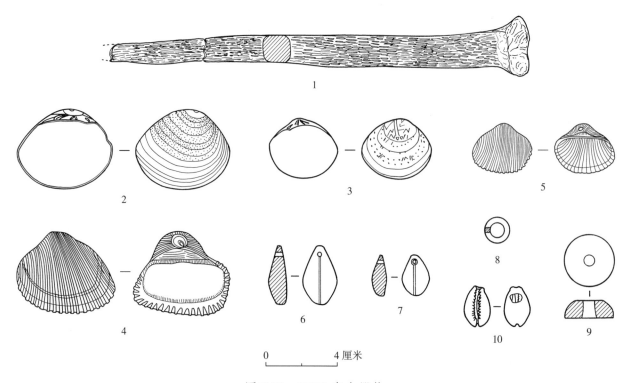

图五四　M560 出土器物

1. 鹿角（M560：61）　2、3. 蚌壳（M560：5-31d、5-23d）　4、5. 蛤蜊壳（M560：7-20d、5-67d）　6、7. 蚌贝（M560：4-1c、6-14c）　8. 蚌环（M560：90）　9. 蚌泡（M560：64-13）　10. 海贝（M560：6-6e）

2. 蛤蜊壳　128 件。

皆扇形，形状相似。分大、小两种（图版五三，1、2）。

标本 M560：7-20d，较大。长 5.4、宽 4.3 厘米（图五四，4）。

标本 M560：5-67d，较小。长 3.2、宽 2.6 厘米（图五四，5）。

3. 蚌贝　21 件。

上端呈尖状，下端呈弧形，正面隆起，背面或平整或隆起，少数背面中部纵向刻一凹槽，上端有一圆形穿孔。分大、小两种（图版五三，3）。

（1）大蚌贝　7 件。

标本 M560：4-1c，长 3.1、宽 2、厚 1 厘米（图五四，6）。

（2）小蚌贝　14 件。

标本 M560：6-14c，长 2.2、宽 1.5、厚 0.8 厘米（图五四，7）。

4. 蚌环　1 件。

标本 M560：90，圆环，断面为圆形。直径 1.4 厘米（图五四，8）。

5. 蚌泡　1 件。

标本 M560：64-13，圆形，上面鼓起，下面平整，中间有穿孔。外径 2.7、孔径 0.8、厚 0.9 厘米（图五四，9）。

6. 海贝　27 件。

其中 18 件为墓主殓玉之组件，在玉器部分已叙述。其余 9 件海贝为饰棺串饰组件，大小相若，均有穿孔，用以系穿。

标本 M560：6-6e，长 2.2、宽 1.4、厚 1.1 厘米（图五四，10）。

五、祭祀坑出土器物

在 M560K2 内发现石片和蚌片（图五五），共 10 件。

（一）石片

8 件。均为长方形或长条形（图版五三，4）。

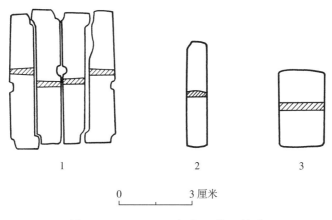

图五五　M560K2 出土石片、蚌片

1、2. 石片（M560K2：1、6）　3. 蚌片（M560K2：10）

　　标本 M560K2：1，较大。由四片嵌合而成，各片薄厚、长短不一。中间有穿孔。长 5.4、宽 4.3、厚 0.25 厘米（图五五，1；图版五三，5）。

　　标本 M560K2：6，较小。长条形，一面平整，一面微隆起。长 4.2、宽 0.85、厚 0.25 厘米（图五五，2；图版五三，6）。

　　（二）蚌片

　　2 件。长方形，体薄。素面。

　　标本 M560K2：10，长 3.1、宽 1.9、厚 0.35 厘米（图五五，3；图版五三，4、7）。

第三章　大型墓葬 M33

第一节　墓葬概述

一、位置

M33 位于墓地 II 区北部，墓室西距 M293 约 2.5 米，西南距 M299 约 4.1 米；墓道西南距 M300 约 3.5 米；东与 I 区 M560 相距 8 米。

二、墓葬形制与结构

M33 为"甲"字形大墓，由墓室和墓道组成。墓室形制为竖穴土坑状，墓道为南北向斜坡墓道。以墓道为基准，方向 208°（图五六；图版五四）。

（一）墓道

墓道接于墓室南侧，南高北低呈斜坡状，平面长方形，收分明显，呈口大底小状。墓道

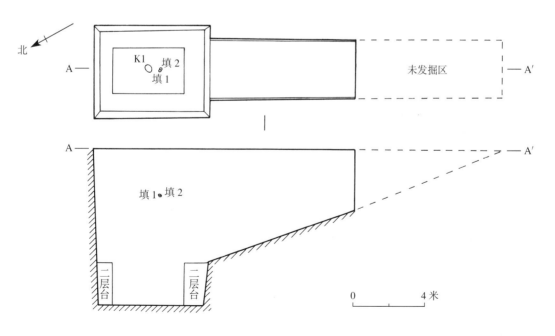

图五六　M33 平、剖面图

填 1、填 2. 玉玦

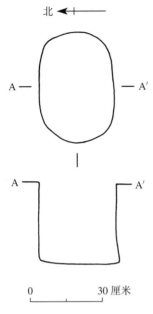

图五七　M33K1 平、剖面图

长 16 米，南宽 3.1、北宽 3.3 米。由于征地原因，墓道实际清理长度为 8 米。东、西两壁收分 0.09~0.1 米。墓道口部南端距地表 1.1 米，北端距地表 7.1 米。

墓道填土为五花土，略经夯打但层次不清，夯窝不明显。从墓道和墓室的水平堆积层次看，二者填土为同时填埋。

（二）墓室

平面呈长方形，形制为竖穴土坑，墓室向下收分，呈口大底小状。墓室口部长 6.3、宽 5 米，墓口距墓底 8.3 米，东壁收分 0.25~0.3 米，南壁收分 0.3~0.35 米，西壁收分 0.25~0.35 米，北壁收分 0.35~0.4 米。

底部设置熟土二层台，且宽窄不一，东二层台宽 0.8~0.95 米，南二层台宽 1.05 米，西二层台宽 0.9~0.95 米，北二层台宽 0.7 米。

墓室填土为五花土，略经夯打，层次不清。

在墓口椁室中部有一小坑（编号 M33K1），平面大体呈椭圆形，直壁，平底。长径 0.44、短径 0.3、深 0.31 米（图五七）。

三、葬具与葬式

（一）葬具

单椁重棺。棺分为内棺和外棺。

1. 木椁

椁室整体为长方形木质框架结构，由盖板、侧板、端板和底板构成。南北长 3.9、东西宽 2.45、高 2.3 米。

盖板东西向横铺，由 17 块木板构成，虽已全部腐朽，但其形状清晰可见。木板长 2.45、宽 0.2~0.28、厚 0.12~0.14 米（图五八；图版五五，1）。在椁板东南部和中北部尚存小块铺席痕迹，分布范围分别为 0.44 米 ×0.26 米和 0.28 米 ×0.2 米。

侧板长 3.82 米，端板长 2.45 米。由于塌陷，侧板、端板宽度和累积层数不清。

底板为南北向纵铺，共计 10 块，木板长 3.85、宽 0.14~0.32 米（图五九；图版五五，2）。底板上的铺席保存较差，仅在东北角和中部偏东处发现（图版五六），局部保存尚好，大体呈长方形，前者东西长 1.12、南北宽 0.55 米，后者南北长 0.55、东西宽 0.17 米；编织方式为"人"字形，三抬三压，材质似竹席。在底板下南、北两端各放置垫木 1 根，南部垫木东端距椁室东壁 0.5 米，西端距椁室西壁 0.45 米，其两端各伸出椁外 0.08~0.1 米，垫木长 2.62、宽 0.22、厚 0.15 米；北部垫木距椁室北端 0.6 米，其两端各伸出椁外 0.1 米，垫木长 2.62、宽 0.21、厚 0.15 米。

2. 棺罩

棺罩由木架、荒帷、铜铃、铜翣、铜板及饰棺串饰构成（图六〇）。

在椁室发现残存棺罩木架的痕迹，有东西向木痕 11 道，南北向木痕 6 道，木痕宽 0.03~

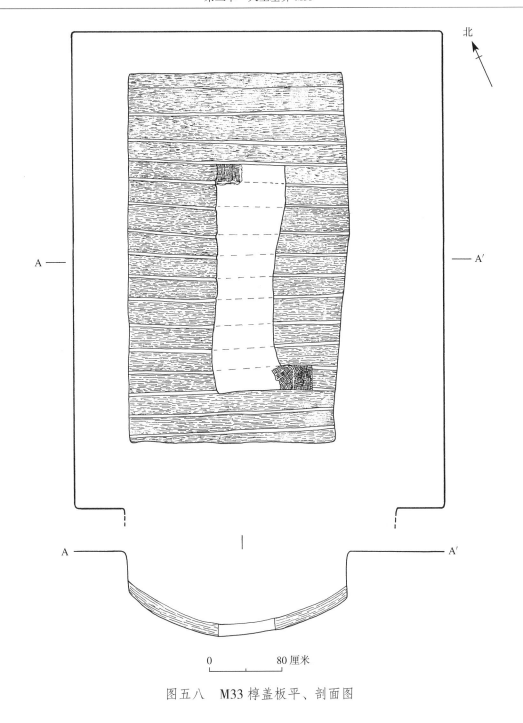

图五八　M33 椁盖板平、剖面图

0.06 米，现存高度 0.85 米（墓底之上）。木架及其范围内发现有红色布痕，十分零散，当为荒帷之残迹（图版五七）。

木条的具体尺寸列入表三。

4 件铜翣分别出土于棺板之上和椁室东、西两侧，铜翣下衬铺草编（见图六〇；图版五八）。另在椁室东、西两侧发现薄铜板，其中东北角的铜板叠压于铺席之上。它们形状各异，边缘均有齿牙状装饰，腐朽严重，无法提取。

大量的铜铃、铜鱼、石贝、骨贝发现于木架附近，当为棺罩组件。这些组件共分八组，

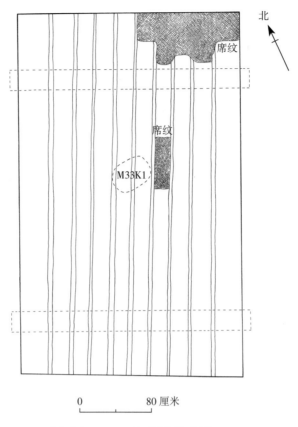

图五九　M33 椁底板平面图

东、西两侧各有两组，南、北两端各一组，棺罩上方有两组。具体的组织结构为：铜铃 + 铜鱼 + 石贝 + 海贝、骨贝（见附表四）。而数量较多的蚌泡，可能为棺罩木架的镶嵌物。

3. 外棺

外棺长 2.53、宽 1.2、残高 0.85 米。盖板南北向放置，因和内棺盖板塌落在一起，具体构成不清。端板及侧板保存状况不甚完好，仅保留数层。西侧板残存 4 层，厚 0.1~0.19、宽 0.11~0.2 米（图六一）。南端板残存 5 层，厚 0.13~0.22、宽 0.11~0.22 米。北端板残存 6 层，厚 0.12~0.16、宽 0.13 米。东侧板具体构成和尺寸不详。底板由 6 块宽 0.10~0.15 米的木板南北向平铺而成，板长 2.53、厚 0.1 米（图六二；图版五九）。

底板和侧板外发现有布痕 3 层，布痕外为网状绳索痕迹，是为棺束。在外棺的西侧板外和底板下均有相连接的绳痕，直径 0.02 米。西侧板外有上下垂直的绳痕 11 道，水平绳痕 3 道，水平绳痕绕于垂直绳痕之上。底板下有南北纵向绳痕 6 道，东西横向绳痕 11 道（图六三；图版六〇，1）。棺外先用织物包裹后再用绳索捆扎（图版六〇，3），据此说明束棺的先后顺序。

在上述绳痕之外又发现较粗绳痕 4 道，纵向、横向各 2 道，组成“井”字形棺束。每道绳痕由三股拧成，每股粗 0.07 米，这应为下棺时承重所用的棺束（图六四；图版六〇，2）。

表三　M33 棺罩木架木痕登记表

序号	位置	尺寸
1	东西向第一道木痕（自北向南）	残长 0.88、宽 0.05 米
2	东西向第二道木痕（自北向南）	残长 1.15、宽 0.05 米
3	东西向第三道木痕（自北向南）	残长 0.87、宽 0.05 米
4	东西向第四道木痕（自北向南）	残长 0.54、宽 0.04 米
5	东西向第五道木痕（自北向南）	残长 1.22、宽 0.04 米
6	东西向第六道木痕（自北向南）	残长 0.08、宽 0.04 米
7	东西向第七道木痕（自北向南）	残长 0.16、宽 0.03 米
8	东西向第八道木痕（自北向南）	残长 1.44、宽 0.05 米
9	东西向第九道木痕（自北向南）	残长 1.2、宽 0.04 米
10	东西向第十道木痕（自北向南）	残长 1、宽 0.03 米
11	东西向第十一道木痕（自北向南）	残长 1.21、宽 0.05 米
12	南北向第一道木痕（自西向东）	残长 0.4、宽 0.05 米
13	南北向第二道木痕（自西向东）	残长 0.18、宽 0.04 米
14	南北向第三道木痕（自西向东）	残长 2、宽 0.05 米
15	南北向第四道木痕（自西向东）	残长 1、宽 0.05 米
16	南北向第五道木痕（自西向东）	残长 1.08、宽 0.05 米
17	南北向第六道木痕（自西向东）	有两段，一段残长 0.32、一段残长 0.66、宽 0.06 米

4. 内棺

内棺长 2.22、宽 0.8、残高 0.82 米。盖板由 4 块板宽 0.17~0.2 米的木板构成（图六五）。侧板长 2.22、厚 0.1 米，端板长 0.8、厚 0.05~0.06 米。限于保存状况，它们各自共由几层木板构成不清。底板由 5 块木板组成，板长 2.22、宽 0.09~0.19 米（图六六；图版六一，1）。

底板下有南北纵向绳痕 4 道，东西横向绳痕 8 道，绳粗 0.03 米，纵向与横向绳痕在棺下呈方格形，这应是向外棺内放置内棺时所用棺束（图六七；图版六一，2）。

（二）葬式

为仰身直肢葬，头向北，面向上，人骨保存较差。身高约 1.62 米。经西北大学陈靓鉴定，墓主为女性，年龄 25~30 岁（图六八；图版六二，1、2；附表九）。墓主骨架下衬铺粗纤维织物，当为殓衣（图版六二，3）。

四、随葬器物位置

M33 墓内随葬品极少，基本为墓主随身佩戴的玉器和棺罩组件两部分，未见青铜礼器。

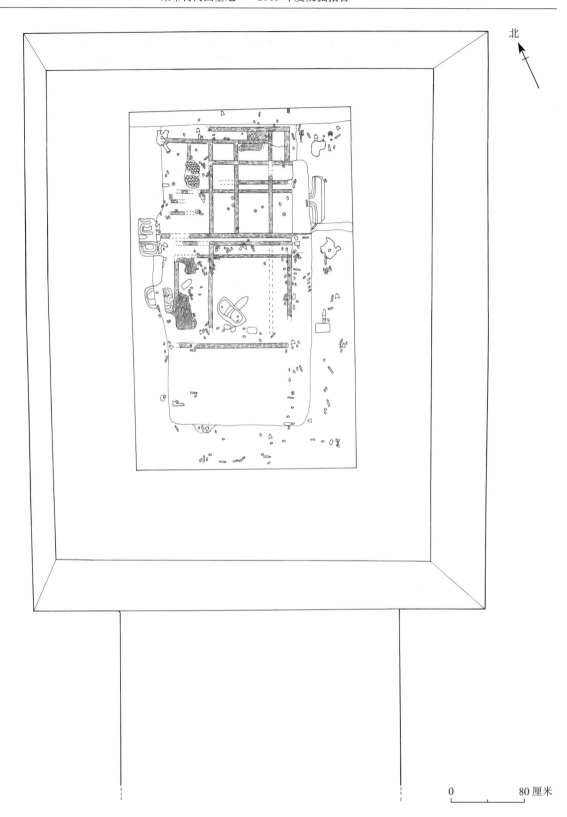

北

0　　　　80 厘米

图六〇　M33 棺罩及棺饰平面图（局部放大图详见右页）

1. 棺罩木架　2-1~2-4. 铜翣　3-1~3-15. 铜铃　4. 玉圭　5. 铜板　6-1~6-13. 蚌泡　6-14~6-18. 骨泡　7. 蚌圭　8-1~8-4. 蚌壳　8-5~
8-8. 蚌饰　20-1b~20-5b、21-1b~21-15b、22-1b~22-35b、23-1b~23-4b、24-1b~24-42b、25-1b~25-10b、26-1b~26-7b、27-1b~27-
4b. 石贝　21-1a~21-3a、22-1a~22-16a、23-1a~23-4a、24-1a~24-13a、25-1a~25-10a、26-1a~26-3a. 铜鱼　21-1c、21-3c、21-4c、
22-1c~22-4c、23-1c、24-1c~24-3c、24-6c、24-7c、25-1c~25-7c、27-1c、27-2c. 骨贝　21-2c、24-4c、24-5c. 海贝

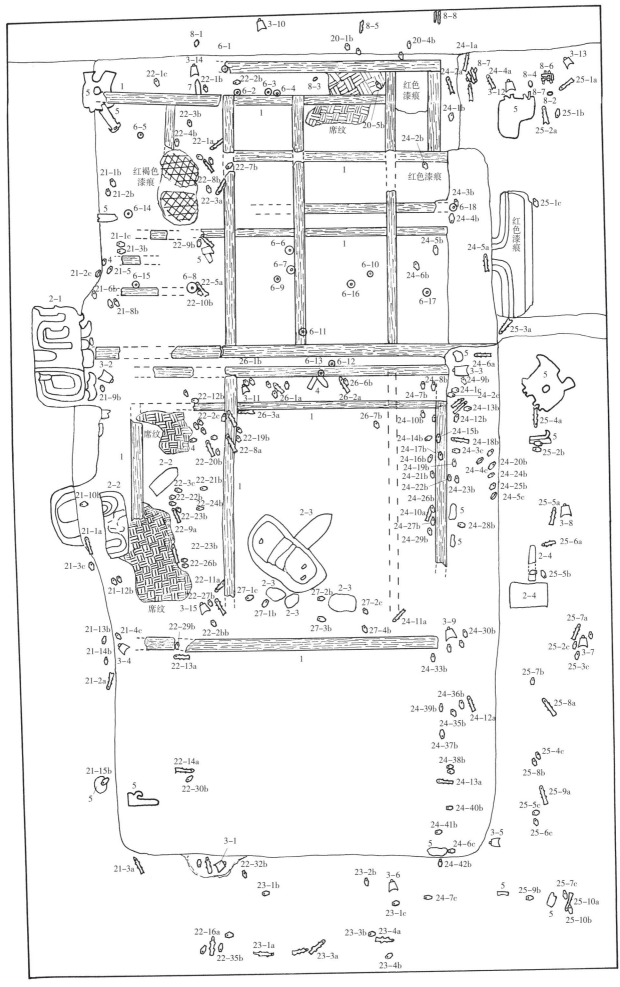

0   30 厘米

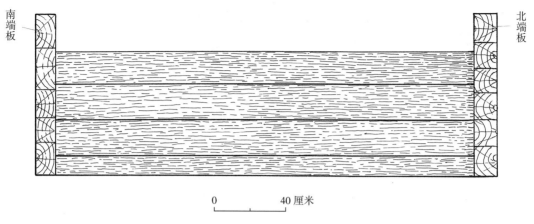

图六一　M33 外棺西侧板正视图

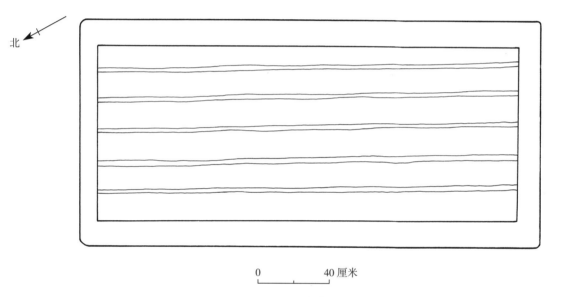

图六二　M33 外棺底板平面图

（一）墓室填土内

在墓室中部偏南部、距墓口 2.5 米处发现玉玦 1 对（见图五六）。

（二）缀于棺罩上

在棺罩上下及四周散置有铜铃、铜鱼、石贝、海贝、蚌泡等装饰物。其中，铜铃大体等距离置于棺罩四周，铜鱼与石贝、海贝等相间放置。

（三）外棺盖板上

在外棺盖板上放置 4 件铜翣及 1 件玉圭（见图六〇）。

（四）内棺内

墓主人佩戴 10 件玉器。1 件玉琮作为束发器，出土于墓主颅骨北部。2 对玉玦分别佩戴于墓主左、右耳部。玉牌饰 1 件，出土于墓主颈前部。2 件玉口琀，其中 1 件为玉饰；另 1 件为残玉鱼，碎为 9 块。2 件玉握，出土于墓主左、右手内（图六八）。

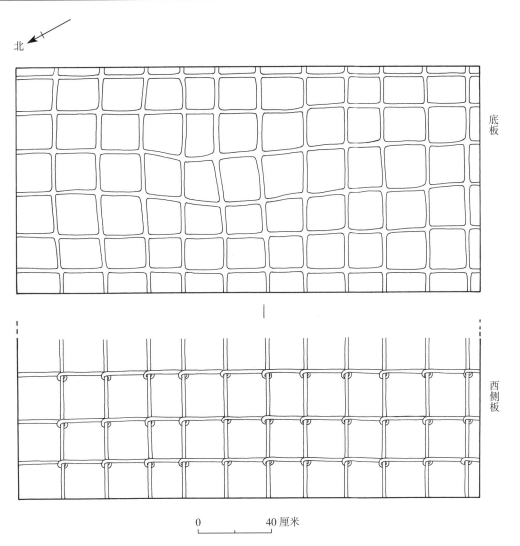

北

底板

西侧板

0　　　　　40 厘米

图六三　M33 外棺棺束平面图

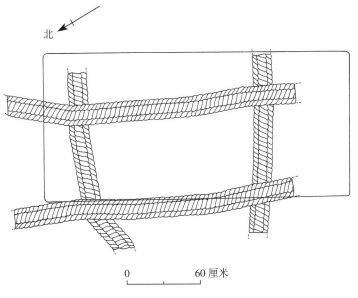

北

0　　　　60 厘米

图六四　M33 外棺"井"字形棺束平面图

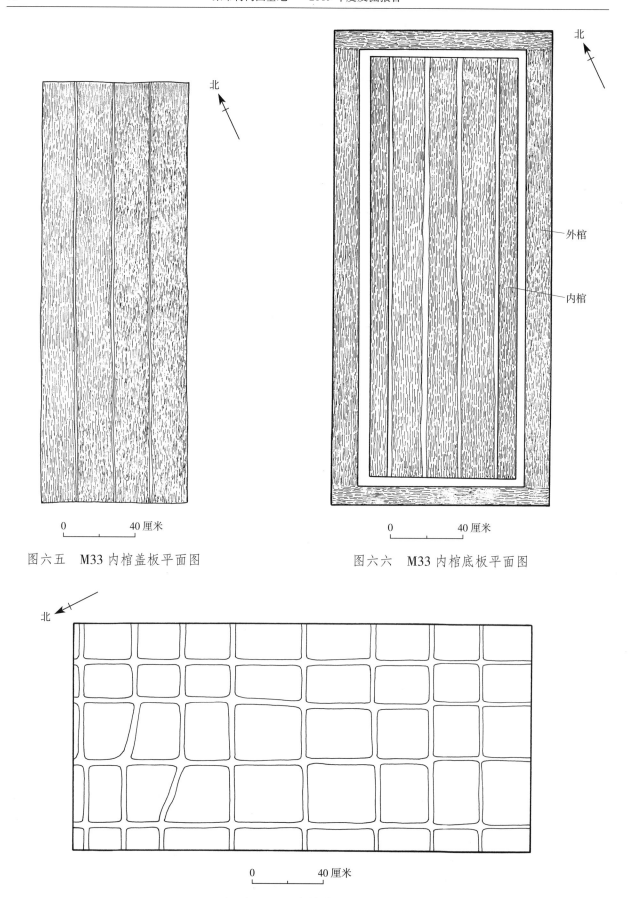

图六五　M33 内棺盖板平面图

图六六　M33 内棺底板平面图

图六七　M33 内棺棺束平面图

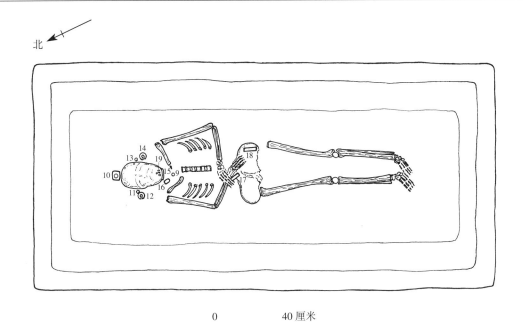

0　　　　　40 厘米

图六八　　M33 墓主骨架及棺内玉器、玛瑙器出土平面图
9. 玛瑙珠　10. 玉琮　11~14. 玉玦　15. 玉饰　16. 玉牌饰　17、18. 玉握　19. 玉鱼（口琀）

第二节　随葬器物

M33 随葬器物共计 274 件（颗）。分为铜器、玉器及玛瑙器、石器和骨蚌器四类（附表三）。分述如下。

一、铜器

仅发现棺饰一类，共 77 件，计有翣、板、铃、鱼等四种棺饰组件。

1. 翣

4 件。分别出土于棺板之上和椁室东、西两侧。皆为薄片，唯 M33：2-4 破碎严重，无法知其形状，其他三件尚存基本形制。翣身为横长方形，上接圭形翣首，翣身分布形状不一的镂空，两面皆有纹饰。以肉眼观察，纹饰部分似利用模具锤打而成，线条十分规矩有序，流畅自然。

标本 M33：2-1，分三片连接而成，其方式为：首先将两件翣身利用宽 0.5 厘米的铜片钉接而成一整体，之后再与翣首和木制背板利用宽 0.7 厘米的铜片钉接而成，增加其牢固性。该翣圭首残，背板仍存朽木，厚度不详。翣首饰纵向弦纹，翣身为两只凤鸟背向站立，凤鸟圆目，长喙（前端残），高冠，鸟尾翻卷向上并接于鸟冠，鸟爪大多残断，线条方折有力。残高 30.8 厘米，翣身高 26.4、宽 36.4 厘米，翣首残高 4.8、宽 8 厘米，厚 0.05 厘米，木制背板宽 7.5 厘米（图六九，1；图版六三，1）。

标本 M33：2-2，背面黏附外棺顶板衬铺的席子痕迹。通高 64 厘米，翣身高 30.4、宽

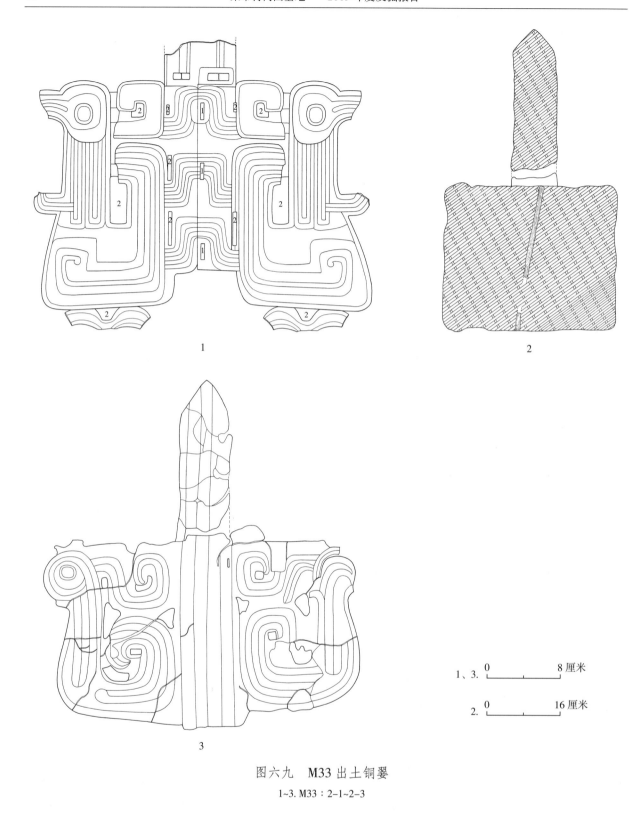

图六九　M33 出土铜翣
1~3. M33：2-1~2-3

37.5 厘米，翣首高 33.2、宽 9.6 厘米，厚 0.05 厘米（图六九，2；图版六三，2）。

标本 M33：2-3，个体较小。翣身、翣首分别制作，之后将两者和木制背板利用宽 0.7 厘米的铜片钉接而成。翣首饰纵向弦纹，翣身为两只凤鸟背向站立，凤鸟圆目，长喙（前端残），高冠，鸟尾翻卷向上并接于鸟冠，鸟爪残断，纹饰圆润流畅。通高 37 厘米，翼身高 20.6、宽 34.4 厘米，翼首高 16.4、宽 5.5 厘米，厚 0.05 厘米（图六九，3；图版六三，3）。

2. 板

9 件残片。编号 M33：5。出土于椁室东、西两侧。腐朽严重，现场能看出其形状为长方形薄片状，器身有弯钩和镂空。应为悬挂棺饰组件。最大者长 20、宽 18 厘米，最小者长 5、宽 3 厘米（见图六〇；图版六三，4）。

3. 铃

15 件。平顶，有环形纽，铃腔内有槌状铃舌；纽下顶面有一穿孔，用以绑缚铃舌。铃体上细下粗，下口边缘向上拱弧，器身断面为椭圆形。皆素面。分为大、小两种（图版六四，1）。

（1）大铜铃 8 件。高 7.0~9.1 厘米。

标本 M33：3–9，器身稍显修长。高 9.1、上宽 5.1、下口宽 6.6 厘米（图七〇，1）。

标本 M33：3–5，下口边缘微弧。高 7.9、上宽 5.1、下口宽 6.5 厘米（图七〇，2）。

标本 M33：3–12，制作较为精良。高 8、上宽 5、下口宽 6.7 厘米（图七〇，3）。

（2）小铜铃 7 件。高 5.6~5.8 厘米。

标本 M33：3–2，高 5.7、上宽 3.1、下口宽 3.6 厘米（图七〇，4）。

标本 M33：3–13，高 5.6、上宽 3.1、下口宽 3.5 厘米（图七〇，5）。

4. 鱼

49 件。出土时与铜铃、石贝、海贝等围绕棺罩木架放置。铜鱼制作粗糙，其形状、纹样基本相同，大小、薄厚不一。鱼身作扁薄的长条形，背部和腹部各有二鳍，头端有一椭圆

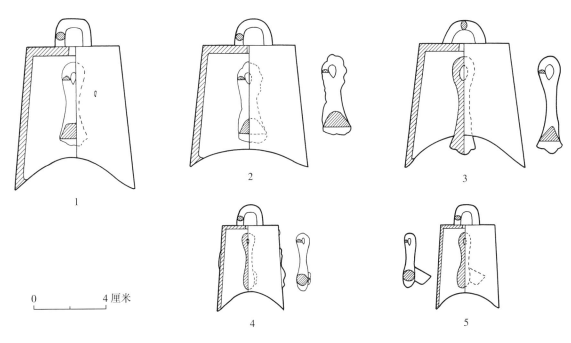

图七〇 M33 出土铜铃

1~5. M33：3–9、3–5、3–12、3–2、3–13

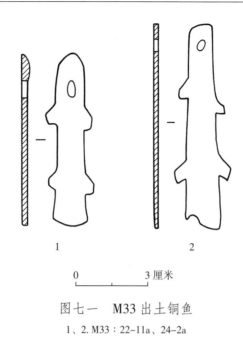

图七一　M33 出土铜鱼
1、2. M33：22-11a、24-2a

形或不规则形穿孔，作为鱼眼，可串系。皆素面。长 6.9~8.3、宽 1.5~2.3 厘米（图版六三，5）。

标本 M33：22-11a，较短。长 6.9、宽 1.9、厚 0.35 厘米（图七一，1）。

标本 M33：24-2a，较长。长 8.2、宽 2.3、厚 0.2 厘米（图七一，2）。

二、玉器及玛瑙器

共 14 件（颗）。分为礼玉、佩玉和殓玉三种。

（一）礼玉

仅发现琮、圭两种。

1. 琮　1 件。

标本 M33：10，作为束发器使用。为早期遗留物。主色调为灰白色，局部有黄色斑块。琮呈低矮状，内圆外方，射较低，上方一射被磨去。高 2.8、边长 3.85~4.1、孔径 3.5 厘米（图七二，1；图版六四，2）。

2. 圭　1 件。

标本 M33：4，位于外棺盖板上北部。碧玉，因受沁表面呈黄绿色而严重斑驳。出土时断为三节。长条形，上端为等腰三角形锋，稍残，下端平齐，两侧无刃。一面有脊，并偏向一侧。高 13.4、宽 2.7、厚 0.3 厘米（图七二，2；图版六四，5）。

（二）佩玉

1. 玦　3 对 6 件。

圆形，体扁薄，一侧有缺口。孔周与周边同心。

2 对佩戴于墓主左、右耳部，1 对出土于墓室填土内。每对玉玦的玉质、纹样、大小、薄厚基本相同。

标本 M33：11 与标本 M33：13 成对。白玉，仅有少许黄色斑，玉质细腻，半透明。

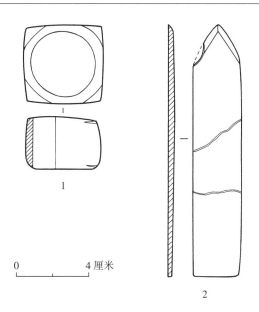

图七二 M33 出土玉琮、圭

1. 琮（M33∶10） 2. 圭（M33∶4）

形体较小。玉玦外缘磨成斜面。素面。标本 M33∶11 出土于墓主右耳部。外径 2.2、孔径 1.25、厚 0.35 厘米。标本 M33∶13 出土于墓主左耳部。外径 2.2、孔径 1.15、厚 0.35 厘米（图七三，1、2；图版六五，1、2）。

标本 M33∶12 与标本 M33∶14 成形对开，背面均留有片锯切割痕。青白玉，缺口部有黄褐色斑块，半透明。形体较大。素面。标本 M33∶12 佩戴于墓主右耳，标本 M33∶14 佩戴于墓主左耳。两者大小、薄厚完全相同，外径 4.15、孔径 1.7、厚 0.3 厘米（图七三，4、5；图版六五，3、4）。

标本 M33∶填 1 与标本 M33∶填 2 成形对开。青白玉，局部有黄色斑，半透明。单面工，正面琢有双龙纹，以缺口为界，龙口相对，椭圆形目，翘鼻，曲体，两龙尾缠绕。两者大小、薄厚完全相同，外径 5.8、孔径 2.7、厚 0.25 厘米（图七三，6、7；图版六五，5、6）。

2. 牌饰 1 件。

标本 M33∶16，出土于墓主颈部。青玉，青绿色，半透明。器身扁薄，圆角方形，正面微鼓，两端各有两个小穿孔。正面饰上下、左右对称的龙纹，方形目，翘鼻，吐舌，龙身卷曲，雕工平常。长 3.7、宽 1.7、厚 0.15 厘米（图七三，3；图版六四，3、4）。

（三）殓玉

1. 口琀

计有玉鱼、玉饰和玛瑙珠三种作为口琀玉，出土于墓主口部。

（1）玉鱼 1 件。

标本 M33∶19，砸碎后作为口琀玉。出土时为 9 件碎块，后拼合为玉鱼。碧玉，黄绿色，微透明。鱼身呈长条状，琢有头、眼、鳃、鳍，口部有穿孔，鱼尾残。残长 9.2、宽 1.9、厚 0.5 厘米（图七四，1、2；图版六六，1、2）。

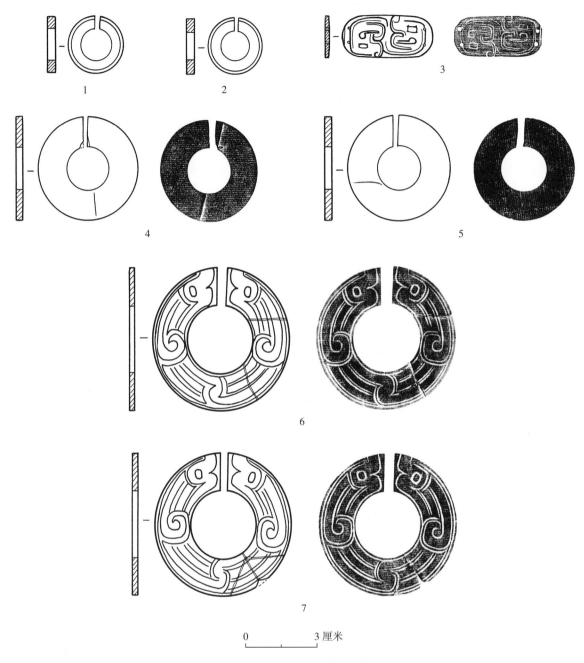

0　　　　　3厘米

图七三　M33 出土玉玦、牌饰

1、2、4~7.玦（M33：11、13、12、14、填1、填2）　3.牌饰（M33：16）

（2）玉饰　1件。

标本 M33：15，出土于墓主口部，紧贴牙齿。白玉，玉质细腻，半透明。弧形，疑为凸缘环之改制器，两端有穿孔。素面。弦长 5.85、宽 0.5、厚 0.4 厘米（图七四，3；图版六六，3、4）。

（3）玛瑙珠　1颗。

标本 M33：9，红色。鼓形珠，两面钻孔。高 0.7、直径 1.2、孔径 0.3 厘米（图七四，4）。

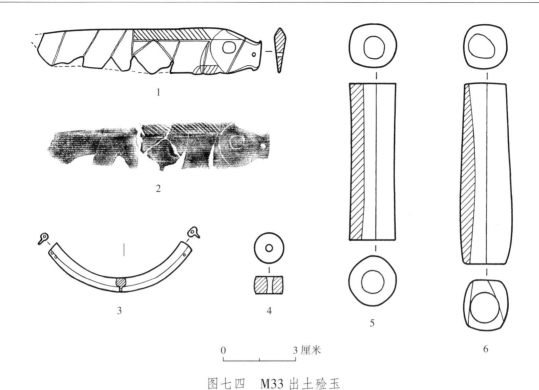

图七四　M33 出土殓玉

1、2. 玉鱼（M33：19）及拓本　3. 玉饰（M33：15）　4. 玛瑙珠（M33：9）　5、6. 玉握（M33：17、18）

2. 握　2件。

标本 M33：17，握于墓主左手。青玉，青绿色。束腰状圆管，两端稍粗，中段稍细，上下有贯通孔。长 6.2、直径 1.8、孔径 0.9 厘米（图七四，5；图版六六，5~7）。

标本 M33：18，握于墓主右手。青白玉，冰青色，玉质绺裂严重。圆管状，一端稍粗，一端稍细，上下有贯通孔。长 7.2、直径 2.15、孔径 1.15 厘米（图七四，6；图版六六，8~10）。

三、石器

仅发现石贝一种，共 122 件。质地较粗，大多呈白色。上端呈尖状，下端呈弧形，正面隆起，背面或平整或隆起，少数背面中部纵向刻一凹槽，上端有一圆形穿孔（图版六七，1）。分大、小两种。

1. 大石贝　85 件。

其中 4 件带有背槽。

标本 M33：22-23b，背平素。长 3.1、宽 2、厚 0.9 厘米（图七五，1）。

标本 M33：24-3b，带背槽。长 3.7、宽 2.3、厚 0.85 厘米（图七五，2）。

2. 小石贝　37 件。

其中 2 件带有背槽。

标本 M33：24-36b，背平素。长 2.6、宽 1.6、厚 0.75 厘米（图七五，3）。

标本 M33：22-27b，带背槽。长 2.65、宽 1.8、厚 0.85 厘米（图七五，4）。

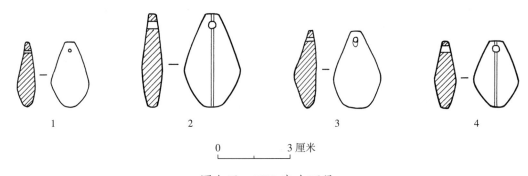

图七五　M33 出土石贝
1~4. M33：22-23b、24-3b、24-36b、22-27b

四、骨、蚌器

共 61 件。分为骨器、蚌器和海贝。

（一）骨器

1. 贝　22 件。

为棺罩组件。形制、大小基本相同。上端呈尖状，下端呈弧形，正面隆起，背面或平整或隆起，上端有一圆形穿孔。

标本 M33：21-3c，长 3.15、宽 2.2、厚 0.6 厘米（图七六，1）。

2. 泡　5 件。

圆形，皆为一面鼓起，另一面平整，中间有一圆形穿孔，当为漆木器之镶嵌物（图版六七，3）。略有大小之别。

标本 M33：6-16，较大。直径 2.2、孔径 0.3、厚 0.5 厘米（图七六，2）。

标本 M33：6-14，较小。直径 1.8、孔径 0.3、厚 0.5 厘米（图七六，3）。

（二）蚌器

1. 圭　1 件。

标本 M33：7，稍残。扁薄长条形，上端为等腰三角形锋，下端平齐，两侧有刃。高 6.4、宽 2.35、厚 0.3 厘米（图七六，4；图版六七，2）。

2. 泡　13 件。

圆形，皆为一面鼓起，另一面平整，中间有一圆形穿孔，当为漆木器之装饰（图版六七，4）。略有大小之别。

标本 M33：6-4，较大。直径 2.8、孔径 0.95、厚 1.1 厘米（图七六，5）。

标本 M33：6-12，制作规矩。较大。直径 2.35、孔径 0.85、厚 0.85 厘米（图七六，6）。

标本 M33：6-8，较小。直径 2.1、孔径 0.3、厚 0.5 厘米（图七六，7）。

3. 蚌壳　8 片 4 件。

即两两扣合为四个个体。皆扇形，形状相似，大小不一，首部打磨钻孔（图版六七，5）。

标本 M33：8-3，扣合后尺寸长 2、宽 1.6、厚 0.9 厘米（图七六，8）。

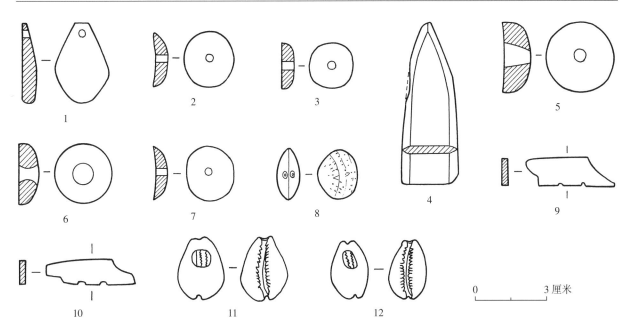

图七六　M33 出土骨、蚌器

1. 骨贝（M33：21-3c）　2、3. 骨泡（M33：6-16、6-14）　4. 蚌圭（M33：7）　5~7. 蚌泡（M33：6-4、6-12、6-8）　8. 蚌壳（M33：8-3）
9、10. 蚌饰（M33：8-7a、8-7b）　11、12. 海贝（M33：24-5c、24-4c）

4. 蚌饰　13 件。

长条形扁薄体，皆为兽形饰，有前、后足，长尾拖地，首部无钻孔（图版六七，6）。

标本 M33：8-7a，长 3.7、宽 1.1、厚 0.25 厘米（图七六，9）。

标本 M33：8-7b，长 3.7、宽 1、厚 0.25 厘米（图七六，10）。

5. 海贝　3 件。

为棺罩组合饰件。大小略有差异。均有穿孔，用以穿系。

标本 M33：24-5c，稍大。长 2.5、宽 1.9、厚 1.2 厘米（图七六，11）。

标本 M33：24-4c，稍小。长 2.3、宽 1.6、厚 1.1 厘米（图七六，12）。

第四章　中型墓葬 M300

第一节　墓葬概述

一、位置

M300 位于墓地 Ⅱ 区北部，北距 M295 墓道 1.4 米，东北距 M33 墓道约 3.5 米，西北距 M297 约 4.6 米。

二、墓葬形制与结构

M300 为长方形竖穴土坑墓，口大底小，墓壁平整，方向 205°。墓口南北长 5.1、东西宽 3.8 米，墓口距地表 1.5 米，墓口至墓底 8.65 米。墓底南北长 4.9、东西宽 3.65 米。墓室四周设置熟土二层台，东二层台宽 0.15 米，南二层台宽 0.15 米，西二层台宽 0.13 米，北二层台宽 0.14 米，二层台高 2.25 米（图七七；图版六八，1）。

墓葬填土经夯打，密实，夯层厚约 0.15~0.2 米，夯窝直径约 0.07 米（图版六八，2、3）。

三、葬具与葬式

（一）葬具

单椁重棺。棺分为内棺和外棺。

1. 木椁

椁室整体为长方形，南北长 4.61、东西宽 3.37、高 2.25 米。椁为木质框架结构，由盖板、侧板、端板及底板构成，其连接方式不详。

盖板东西向横铺，由 15 块木板构成。板长 2.45、宽 0.15~0.26、厚 0.2 米（图七八；图版六九，1）。

东、西侧板均由 9 层木板垒砌而成，板高 0.15~0.26、宽 0.17 米（图七九；图版七〇，1、2）。西侧板局部壁面上发现有一层"人"字形席纹痕迹，呈方形，面积约为 0.3×0.32 平方米（图版七一，1）。

南、北端板长 2.45 米，北端板由 9 层木板垒砌而成，板高 0.17~0.3 米（图版七二，1、2）。南端板局部壁面上也发现有一层席纹痕迹，约为长条形，面积 0.08×0.21 平方米。

底板为南北向纵铺，由 11 块木板构成，板宽 0.14~0.26 米（图八〇；图版六九，2）。

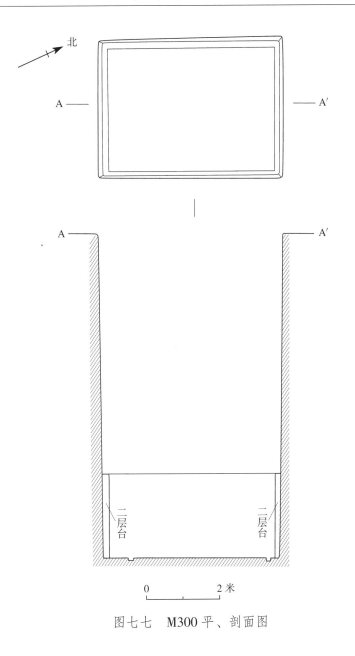

图七七　M300 平、剖面图

椁室西侧偏北部地面铺席，面积 0.58×0.45 平方米（见图八六；图版七一，2）。综合以上席纹发现情况，证明椁室内壁、地面均铺席。

在底板下南、北两端各放置垫木一根。南垫木距椁室南端 0.55 米，长 2.66、宽 0.2 米，东端伸出椁外 0.02 米，西端伸出椁外 0.2 米。北垫木距椁室北端 0.5 米，长 2.72、宽 0.12 米，东端伸出椁外 0.05 米，西端伸出椁外 0.23 米（见图八〇）。

2. 棺罩

仅发现铜翣、荒帷及饰棺串饰等棺罩组件。

椁室西侧发现 4 件分体铜翣（见图八六；图版七三，1、2）。

在椁室内出土大量铜鱼、陶珠以及石管和海贝，它们应是棺罩组件（图八一；图版七四）。具体构成如下。

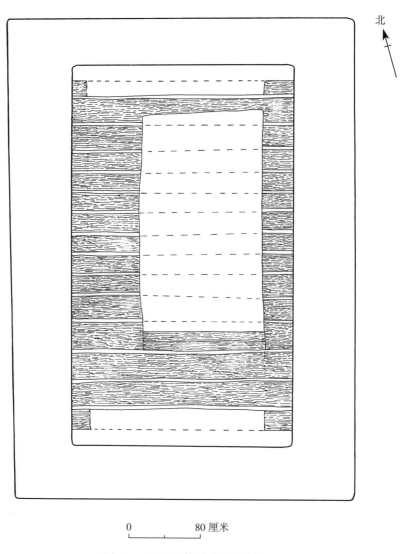

北

0　　　　　　80厘米

图七八　M300椁盖板平面图

①铜鱼与陶珠

数量较多，出土于外棺四周及其上部，东、西两侧各有两组，南、北两侧各有一组，上部两组。每组由若干单元组成，每一单元由1件铜鱼与数颗陶珠组成（见附表六）。

②石管与海贝

数量较少，均出土于椁室西侧，与西侧两组铜鱼和陶珠饰棺串饰伴出。每一单元由1件石管与若干海贝组成（见附表六）。

另在椁室内发现4处织物痕迹，当为荒帷，由朱、褐两种色彩或单色构成。

第一处处于内棺西北角，残存形状约为等腰三角形，斜边长0.33、直边长0.23米。朱色几何形宽带纹，黑彩勾边（见图八一；图版七五，1）。

第二处处于椁室西侧偏北，残存形状为长方形，分布面积0.28×0.19平方米。朱、褐双彩，似简化龙纹（见图八一；图版七五，2）。

第三处处于椁室西侧中部，荒帷覆盖M300：32铜簋，分布面积0.3×0.25平方米。朱、

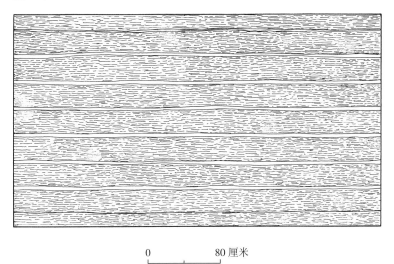

图七九　M300 椁室东侧板正视图

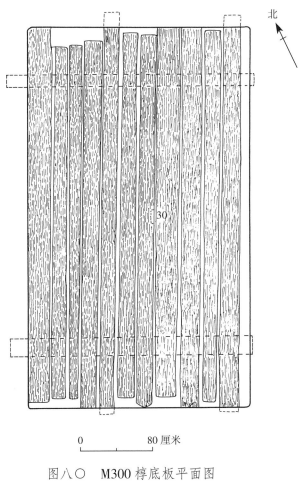

图八〇　M300 椁底板平面图

30. 石圭

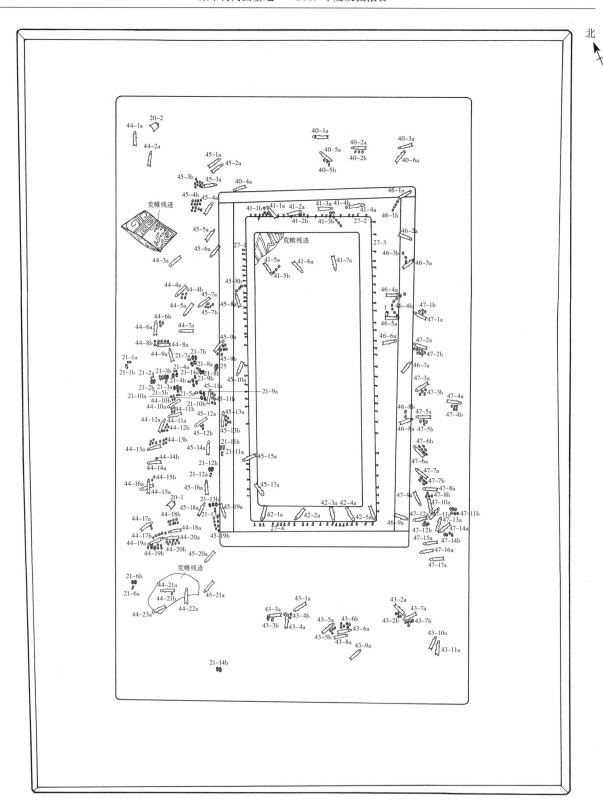

0 _____ 50 厘米

图八一　M300 棺罩及棺饰平面图

1. 木贝　20-1、20-2. 小铜铃　21-1a~21-14a. 石管　21-1b~21-14b. 海贝　25. 海螺　27-1~27-4. 骨钉　40-1a~40-6a、41-1a~41-7a、
42-1a~42-5a、43-1a~43-11a、44-1a~44-23a、45-1a~45-21a、46-1a~46-9a、47-1a~47-17a. 铜 鱼　40-2b、40-5b、41-1b~41-5b、
43-2b~43-7b、44-4b、44-6b、44-8b、44-10b~44-15b、44-17b~44-21b、45-3b、45-4b、45-7b~45-9b、45-11b~45-13b、45-18b、
45-19b、46-1b、46-3b、46-4b、46-8b、47-1b~47-8b、47-11b、47-12b、47-14b. 陶珠（注：45-18b 的 4 件陶珠叠压于铜鱼 45-18a 下）

黑双彩，几何形纹（图版七五，3）。

第四处处于椁室西侧偏南，残存形状近似月牙形，分布面积 0.38×0.16 平方米。纯朱彩（见图八一；图版七五，4）。

3. 外棺

外棺南北长 2.4、东西宽 1.3（南端）~1.35（北端）、残高 0.5 米。盖板已朽，与内棺盖板、侧板、端板及椁盖板落在一起很难分清，从痕迹看为南北向铺就。外棺侧板及端板保存极差，叠砌层次不详。局部能依稀看出侧板厚约 0.08~0.09 米，端板厚约 0.06~0.07 米。底板南北向纵铺，由 6 块木板构成，东侧 5 块木板宽 0.18~0.22 米，西侧 1 块木板宽仅 0.07 米，厚约 0.08 米（图八二；图版七六，1）。

在外棺底板下有南北纵向绳痕 3 道，东西横向绳痕 5 道，绳痕粗 0.03 米，在棺外形成方格形，各端均伸出棺外侧，应为外棺棺束（图八三；图版七六，3）。在细绳痕下面有由两股细绳拧成的粗绳痕 4 道，其中纵向 2 道，西侧绳痕北细南粗，直径分别为 0.07 米和 0.15 米，东侧绳痕直径 0.13~0.16 米；横向绳痕 2 道，粗细一致，直径 0.17 米。纵、横粗绳痕组

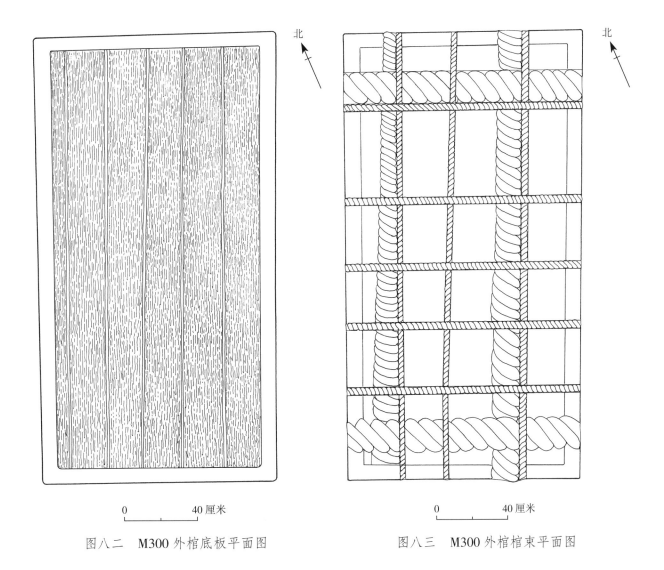

北　　　　　　　　　　　　　　　　　　北

0　　　40 厘米　　　　　　　　0　　　40 厘米

　　图八二　M300 外棺底板平面图　　　　　　图八三　M300 外棺棺束平面图

成"井"字形，各端均伸出棺外，应为下棺时用于吊棺的棺束。据现场分析，绳痕尺寸不是
原绳的真实直径，而是因受填土压迫变形所致。

在外棺内底部衬铺草垫，2.22 米 × 1.13 米，东西向分为七排，每排之间用草绳连接（图
版七六，2）。

4. 内棺

内棺长 2.04、宽 0.86、残高 0.5 米。盖板因受到椁盖板、外棺盖板压迫，具体情况不明。
侧板与端板保存较差，局部能看出，侧板长 2.04、厚约 0.05~0.06 米，端板长 0.86、厚约 0.13
米。底板由 7 块板组成，长 1.77 米，板宽 0.03~0.11 米（图八四；图版七七，1）。

在底板下有南北纵向绳痕 2 道，东西横向绳痕 4 道，绳粗 0.02 米。从绳痕看应是内棺
棺束（图八五；图版七七，2）。

（二）葬式

为仰身直肢葬，下肢略屈，双手交叉于腹部，头向北，面向上，人骨保存较差。人骨架
长约 1.7 米。经西北大学陈靓现场鉴定，墓主为女性，年龄 31~34 岁（附表九）。

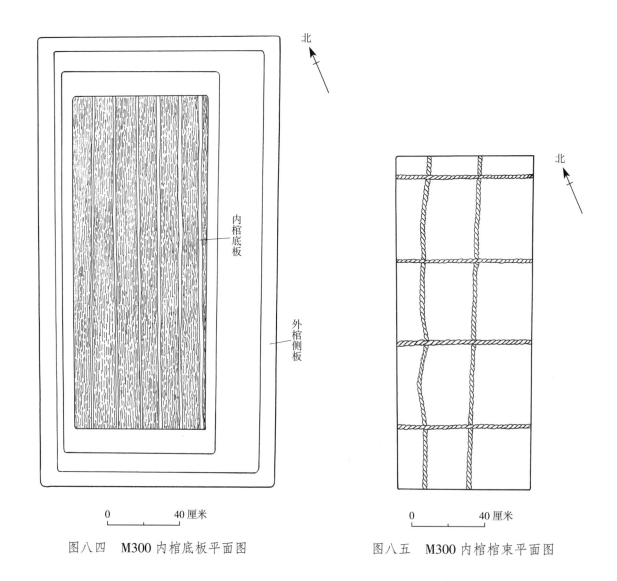

图八四　M300 内棺底板平面图　　　　　　图八五　M300 内棺棺束平面图

四、随葬器物位置

（一）棺椁之间

鼎 1、簋 2、盘 1、匜 1 件共 5 件铜器放置于椁室西侧偏南部（图八六；图版七八）。1 件残石圭置于铜簋（M300：31）内。

1 件喇叭形玉饰出土于椁室西北部。1 件玉瑗、1 件玉管、140 颗玛瑙珠、47 颗绿松石管（珠）和 1 件煤精龟出土于椁室西南角（见图八六）。

4 件铜翣放于椁室西侧铜礼器之间，99 件铜鱼、14 件石管和 256 颗陶珠等饰棺串饰组件出土于外棺四周及上部。1 件腐朽木豆发现于椁室西北角，出土时呈黑褐色，未髹漆。木豆仅存豆盘、豆柄上半部。豆盘直口较浅，豆柄呈喇叭状。盘径 10、柄上端直径 3.75、残高 4.8 厘米（见图八一、图八六；图版七九，1）。

（二）椁底板下

椁底板下中部出土 1 件石圭（见图八〇），在西北部发现 1 件陶罐残片（图版七九，2）。

（三）内外棺之间

2 件铜弄器盉、小罐放于外棺西侧偏北部（见图八六；图版七九，3）。1 件铜盒（内装 1 件小铜盒）出自外棺东侧偏北部（见图八六；图版七九，4）。

（四）内棺内

1 套梯形牌组玉佩出土于墓主胸腹部右侧，1 套项饰出土于墓主颈部，2 套臂饰出土于墓主左、右肘部（图八七；图版八〇）。

1 对玉玦出土于墓主左、右耳部，1 件小玉钺出于墓主右臂内侧。1 件玉柄形器及其蚌片坠饰和 1 件残玉片出土于内棺西侧（见图八七；图版七九，5）。

8 件玉口琀出土于墓主口内，左、右手各握 12 件海贝（见图八七）。

第二节　随葬器物

M300 随葬器物共计 1488 件（颗）。分为铜器、玉器及玛瑙器、石器、骨蚌器和其他五类（附表五）。分述如下。

一、铜器

墓内发现铜器共计 127 件，可分为礼器、弄器、用具、饰件和棺饰等五类，总重量达 42.545 千克（未含弄器、盒、泡、小铃）。

（一）礼器

共四种 5 件，均为实用器，计有鼎、簋、盘、匜，重量达 37.68 千克。礼器体形硕大，制作精良，纹饰讲究。

1. 鼎　1 件。

标本 M300：33，直敞口，卷沿，方圆唇，双附耳，半球形腹，圜底，蹄足中段较细，

图八六　**M300** 铜器、玉器及石器出土平面图

15. 大铜盒　15-1. 玉尖状器　16. 小铜盒　16-1. 玉兽面　16-2. 残玉料　17. 玉瑗　18. 玉管　19-1~19-140. 玛瑙珠　19-141~19-187. 绿松石管（珠）　19-188. 煤精龟　22. 铜泡　23. 喇叭形玉饰　24. 石圭　26. 小铜罐　29. 铜盉　31、32. 铜簋　31-1、32-1. 铜簋盖　33. 铜鼎　34. 铜盘　35. 铜匜　36~39. 铜翣

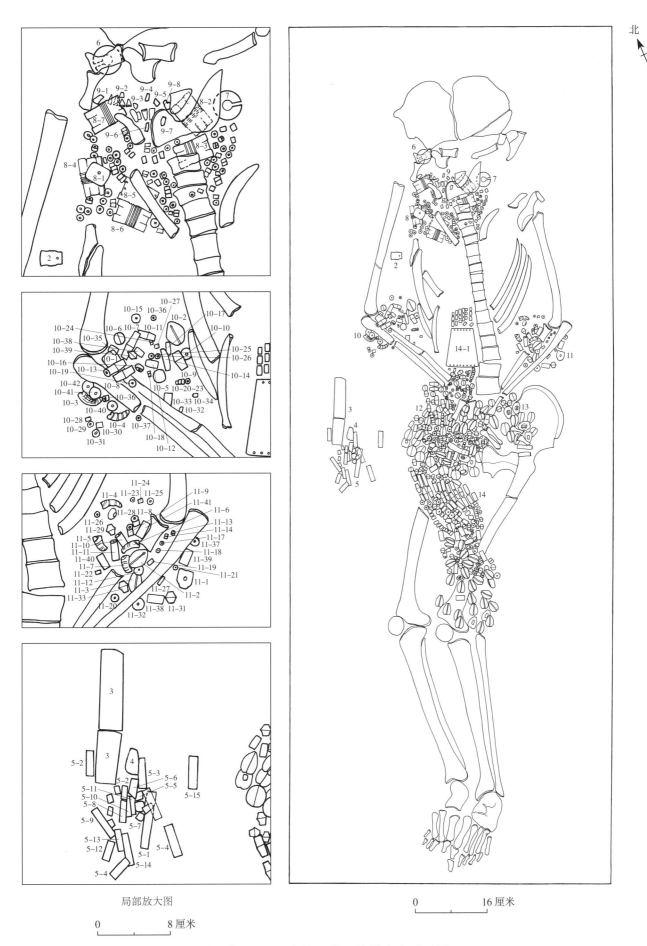

北

局部放大图

0   8厘米

0   16厘米

图八七　M300 内棺玉器、蚌器出土平面图

2. 小玉钺　3. 玉柄形器　4. 残玉片　5. 蚌片　6、7. 玉玦　8. 玉牌项饰　9. 玉口琀　10. 右臂臂饰　11. 左臂臂饰　12. 左手海贝
13. 右手海贝　14. 梯形牌组玉佩

下端逐渐外展而宽大，内侧有一道纵向凹槽。两足足跟稍残，三足间三角形范线明显。口沿下饰一周"S"形窃曲纹，腹部饰三周垂鳞纹，耳外侧面饰两道凹弦纹。通高 28、口径 31、腹径 29.4、腹深 15.4、壁厚 0.6 厘米。重 7.8 千克（图八八，1、2；图版八一）。

2. 簋　2 件。

形制、纹样、大小基本相同。有盖，盖面上隆，顶有喇叭形捉手。器身子敛口，鼓腹略下垂，近平底，矮圈足，圈足下承三矮兽首形扁足。腹两侧附龙首形耳，凸目，卷鼻，龙角高耸，长舌内弯，耳下有垂珥。捉手内饰凤鸟纹，鸟尾沿同心圆盘转三周，盖面饰瓦棱纹及一周窃曲纹。器沿下和圈足均饰一周窃曲纹，腹饰数周瓦棱纹，耳及垂珥两侧均饰阴刻线纹。盖、身皆带铭。

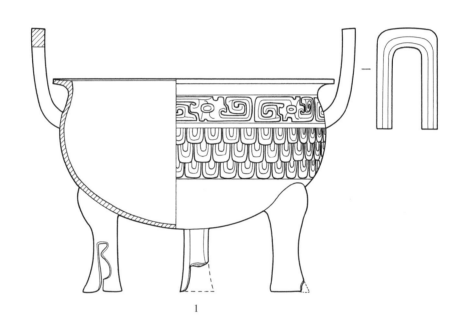

1

2

1. ⊢——————⊣ 0　　　8 厘米　　余 0　　　4 厘米

图八八　M300 出土铜鼎（M300：33）

1. 全器　2. 腹部纹饰拓本

标本 M300：31，盖、器身同铭，竖款，自右向左排列，共 14 字，重文 2 字：

晋侯作师

氏姞簋子子

孙孙永宝用

通高 26.6、口径 22.5、腹径 28、腹深 14.2、壁厚 0.8 厘米。重 9.32 千克（图八九，1~4；图版八二）。

标本 M300：32，盖与器身扣合基本密合，但盖铸造不及器身精美，故器盖应为临时配置。器身铸铭，竖款，自右向左排列，共 14 字，重文 2 字：

晋侯作师

氏姞簋子子

孙孙永宝用

器盖有铭，竖款，自右向左排列，共 16 字，重文 2 字：

蓁（蓁）白（伯）作尊簋

其万年子子

孙孙永宝用享

通高 26.8、口径 22.8、腹径 28、腹深 14.2、壁厚 0.7 厘米。重 8.87 千克（图九〇，1~4；图版八三）。

3. 盘　1 件。

标本 M300：34，敞口微敛，窄平折沿，方唇，浅腹，附耳与口沿间以两个小横梁相连，平底，圈足较高，下附三兽面足，足跟为兽爪状。腹部饰一周窃曲纹，并以云雷纹衬底，圈足饰一周变形垂鳞纹，耳内、外两侧均饰重环纹。内底铸铭，竖款，自右向左排列，共 17 字：

唯八月丙寅晋

姞作铸旅盘

匜其万年宝用

通高 17.4、口径 39、耳间距 41.6、圈足径 30、腹深 6.8、壁厚 0.7 厘米。重 7.84 千克（图九一，1~4；图版八四，1、2）。

4. 匜　1 件。

标本 M300：35，直口微敛，方唇，长流上翘，圜底近平，四兽足，龙形鋬，龙口衔于口沿，龙尾接于器底。口沿下饰窃曲纹，并以稀疏的云雷纹衬底，腹饰瓦棱纹，鋬饰凹弦纹。内底铸铭，竖款，自右向左排列，共 17 字：

唯八月丙寅晋

姞作铸旅盘

匜其万年宝用

通长 39、通高 20.3、宽 17、腹深 9.6 厘米。重 3.85 千克（图九二，1~3；图版八四，3、4）。

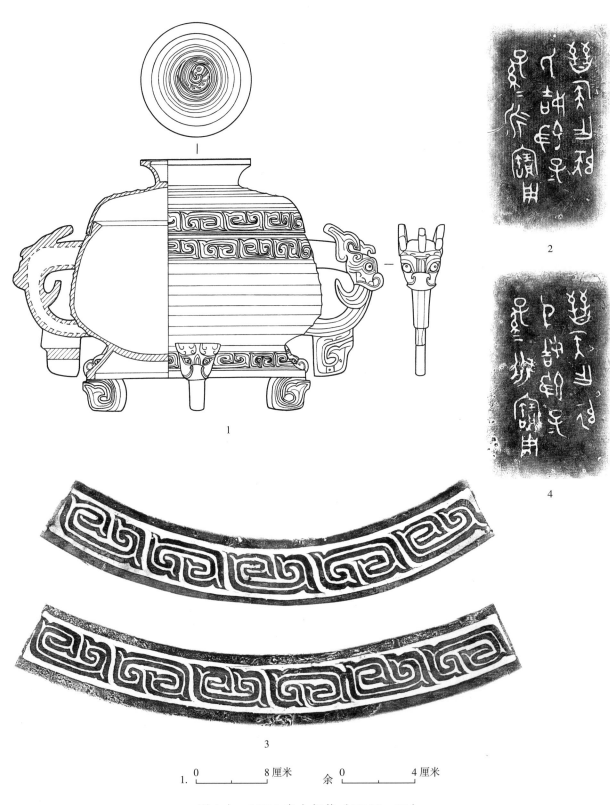

1. $\underline{08 厘米}$　　余　$\underline{04 厘米}$

图八九　M300 出土铜簋（M300：31）

1.全器　2.盖铭拓本　3.盖（上）、器（下）口沿纹饰拓本　4.器铭拓本

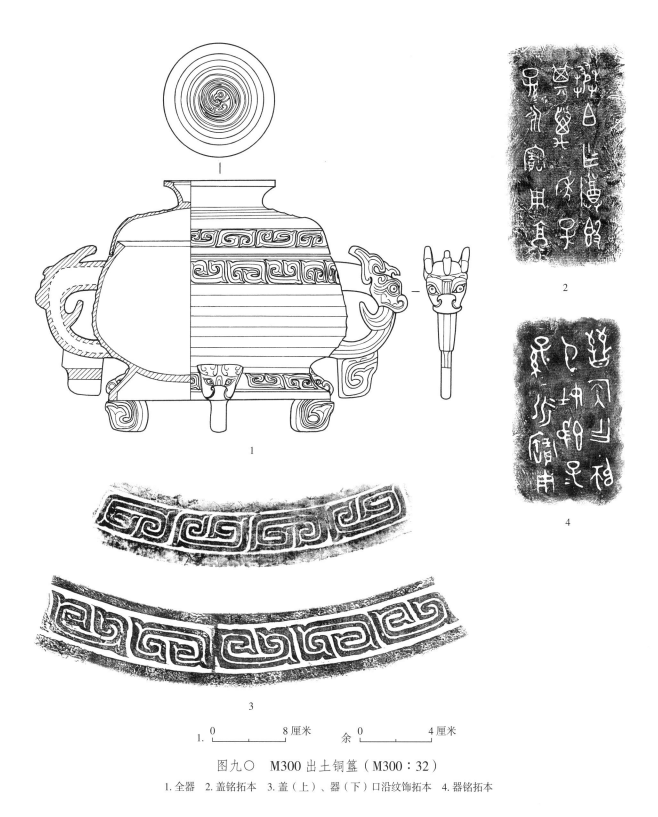

图九〇　M300 出土铜簋（M300：32）

1. 全器　2. 盖铭拓本　3. 盖（上）、器（下）口沿纹饰拓本　4. 器铭拓本

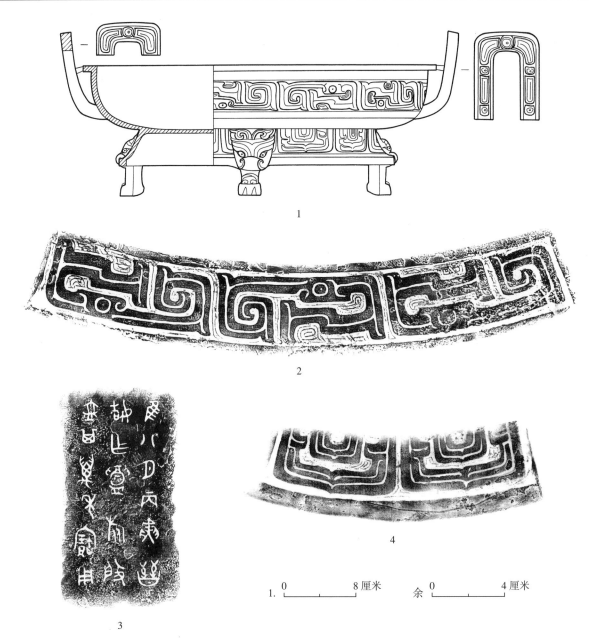

图九一   M300 出土铜盘（M300：34）
1. 全器   2. 腹部纹饰拓本   3. 器铭拓本   4. 圈足纹饰拓本

（二）弄器

2件。弄器，顾名思义，器物较小，有较小、可爱之意，或玩弄，或摆放案头。

1. 小罐   1件。

标本 M300：26，带盖，盖面分三级台阶状隆起，两侧有对称矩形耳，有上下穿孔。器身敛口，方唇，弧腹，圜底，口沿外亦有对称矩形耳，耳上穿孔与盖耳穿孔形成贯通孔。口沿下饰一周重环纹，其下饰波曲纹，圜底素面。通高 5.1 厘米；器口长径 3.7、短径 3.4 厘米，腹径 4.1 厘米，耳间距 5.2、耳宽 1.25 厘米，壁厚 0.2 厘米；器盖长径 3.7、短径 3.4、高 1.15 厘米。重 126.3 克（图九三，1~3；图版八五，1、2）。

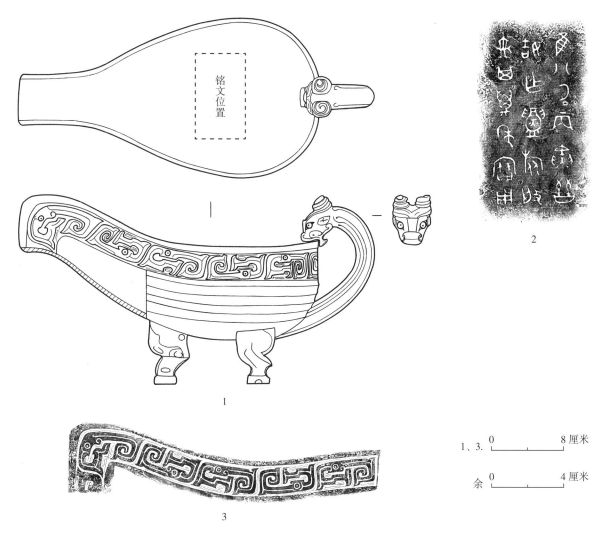

图九二　M300 出土铜匜（M300：35）

1. 全器　2. 器铭拓本　3. 口沿纹饰拓本

2. 盉　1 件。

标本 M300：29，带盖，圆形平顶，两侧有对称双耳，方耳有孔，弇口。器身小口，平折沿，方唇，短颈，颈下双耳凸出，折肩，弧腹，小圆底，下接三乳突足。盖面饰浮雕状双盘龙，龙双目为杏仁形，双角圆点状，龙身盘卷，双前爪匍匐在地，龙尾尖锐，身饰龙鳞纹，造型生动，设计谨严。器身肩部饰窃曲纹，肩下饰六组蕉叶纹。每组蕉叶纹样相同，皆为双龙对视，椭圆眼，张口，龙尾相连，龙口下为三角形重环纹。双耳为龙形，双目圆睁，张大口，龙角高耸，圆柱状龙颈铸接于器身颈下。通高 7.25 厘米，盖径 6 厘米，器身口径 5、内径 3.9、肩径 8.4、腹深 6.1、耳宽 2.6、足高 1.2、壁厚 0.25 厘米。重 385.7 克（图九三，4~6；图版八五，3~6）。

（三）用具

仅发现铜盒 2 件。盒内共装有 3 件玉器，即玉尖状器、玉兽面和残玉料，在此一并介绍。

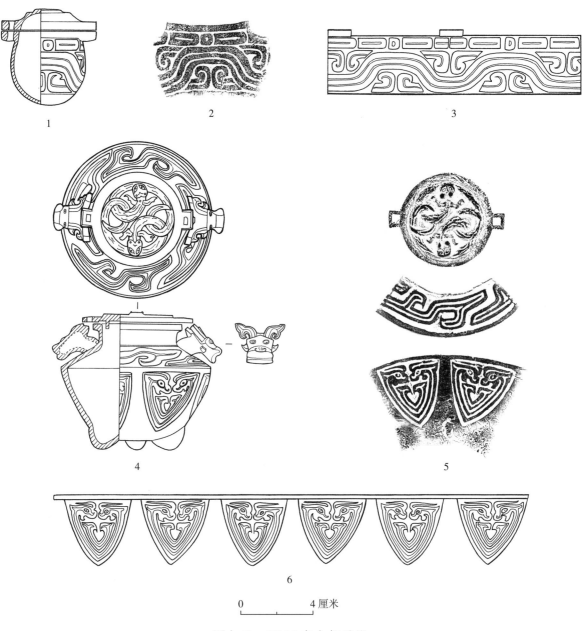

图九三　M300 出土铜弄器

1. 小罐（M300：26）　2. 小罐（M300：26）腹部纹饰拓本　3. 小罐（M300：26）腹部纹饰展开图　4. 盉（M300：29）
5. 盉（M300：29）盖、肩、腹部纹饰拓本　6. 盉（M300：29）腹部纹饰展开图

1. 大铜盒　1 件。

标本 M300：15，出土于墓主左手外侧。长方形，盖、底完全腐朽，四侧面腐朽严重。薄铜皮压花，一侧器表纹饰可辨，为鸟纹，圆眼，长喙，卷尾。盒内装有 1 件小铜盒和 1 件玉尖状器。长 16、宽 9.5、壁厚 0.1 厘米（见图八六；图版八六，1）。

玉尖状器　1 件。

标本 M300：15-1，青白玉。因下葬时盛装于大铜盒内，一端染有绿色铜沁。窄长条形，上厚下薄，一端磨成尖锐状，一侧有片锯切割痕迹，并留有 2 个半圆形钻孔，故此器应为改

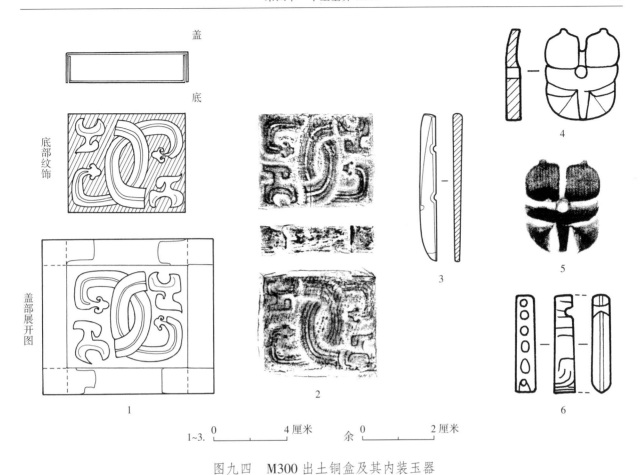

图九四　M300 出土铜盒及其内装玉器

1. 小铜盒（M300：16）　2. 小铜盒（M300：16）顶、侧、底面纹饰拓本　3. 玉尖状器（M300：15-1）　4. 玉兽面（M300：16-1）
5. 玉兽面（M300：16-1）正面拓本　6. 残玉料（M300：16-2）

制器。长 7.8、最宽处 0.9、厚 0.3~0.6 厘米（图九四，3；图版八六，6）。

2. 小铜盒　1 件。

标本 M300：16，盒呈扁薄状长方体。盖、盒扣合严密，锈蚀严重，一角残断，内装 2 件玉器。上、下两面纹饰相同，采用压花工艺，均为双龙纹（俯视），两龙缠绕，布局规矩。长 6.7、宽 5.5、高 1.6 厘米（图九四，1、2；图版八六，2~4）。

玉兽面　1 件。

标本 M300：16-1，白玉，因受沁而呈黄绿色，微透明。为半成品，仅做出双角、眉毛、鼻梁及脸颊。长 2.4、宽 2.1、厚 0.4 厘米（图九四，4、5；图版八六，5 右）。

残玉料　1 件。

标本 M300：16-2，为某玉器切割下的残料。白玉，微透明。方柱状，一侧有 6 个并排穿孔，器表有纹饰。残长 2.6、宽 0.6、厚 0.55 厘米（图九四，6；图版八六，5 左）。

（四）饰件

铜泡　1 件。另有铜管 8 件，为梯形牌组玉佩组件，详见后文。

标本 M300：22，出土于椁室西北角。其下为一漆器残迹，当为漆器饰物。圆形，正面微隆起，背面平整，中间有孔。直径 1.2、孔径 0.35、厚 0.4 厘米（图九五，1；图版八七，8）。

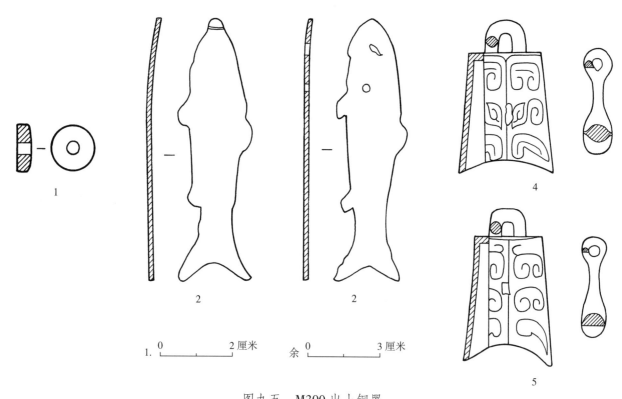

图九五　M300 出土铜器

1.泡（M300：22）　2、3.鱼（M300：42-1a、45-8a）　4、5.小铃（M300：20-1、20-2）

（五）棺饰

105 件。包括翣、小铃、鱼三种。

1. 翣　4 件。

重 3.635 千克。均出土于椁室西侧。皆为薄片，由 1 件翣首、2 件翣身、4 件翣足共 7 件组件构成。翣首接于翣身上端中部，前后四足斜向 45° 接于翣身四角。具体连接方式为：翣首、前足与翣身上端相应部位均打孔绑缚，利用翣身下端的镂空与打孔的两后足绑缚。出土时，翣首、身、足并未拼接，或叠压，或分置数处。翣首为圭形。翣身为横长方形，由大小、薄厚、纹饰镂空完全相同的两件铜片对接而成，说明两件为同一陶范铸造。翣身有两只凤鸟背向站立，小目（打孔），长喙，高冠，鸟尾翻卷向上并接于鸟冠；素面。四翣足均为长条形，前足稍短，后足稍长，一端有突出齿牙，当为羽纹。凤鸟之外分布有形状不一的镂空。

标本 M300：36，通高 54 厘米，身长 32、宽 21.4 厘米，首长 19、宽 3.6 厘米，前足长 17.6、宽 3.5 厘米，后足长 21.8、宽 3.8 厘米，厚 0.2 厘米。重 0.87 千克（图九六，1；图版八七，1）。

标本 M300：37，通高 53 厘米，身长 32、宽 21.4 厘米，首长 20、宽 3.6 厘米，前足长 17.4、宽 3.5 厘米，后足长 22、宽 3.7 厘米，厚 0.2 厘米。重 0.92 千克（图九六，2；图版八七，2）。

标本 M300：38，一前足、一后足微残。通高 53 厘米，身长 32、宽 21.6 厘米，首长

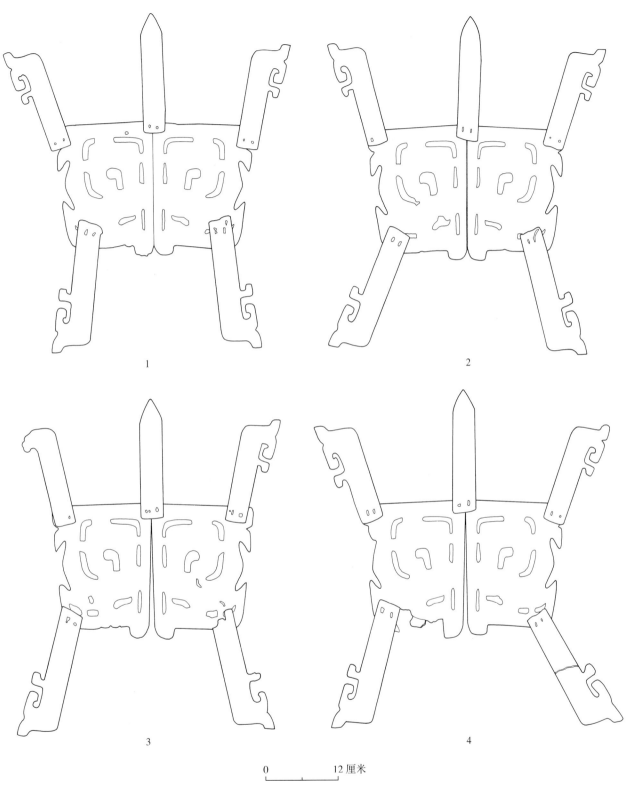

1

2

3

4

0 ———— 12 厘米

图九六 M300 出土铜甗（复原图）
1~4. M300：36~39

19、宽 3.6 厘米，前足长 17.6、宽 3.5 厘米，后足长 22、宽 3.7 厘米，厚 0.2 厘米。重 0.85 千克（图九六，3；图版八七，3）。

标本 M300：39，翼身微残。通高 53.6 厘米，身长 32、宽 22 厘米，首长 19.6、宽 4 厘米，前足长 17.2、宽 3.8 厘米，后足长 22、宽 3.8 厘米，厚 0.2 厘米。重 0.995 千克（图九六，4；图版八七，4）。

2. 小铃　2 件。

平顶，有环形纽，铃腔内有槌状铃舌；纽下顶面有一穿孔，用以绑缚铃舌。铃体上细下粗，下口边缘向上弧起，器身断面为椭圆形。两面均饰简化兽面纹。

标本 M300：20-1，出于椁室西南部。高 6.1、上宽 3、下口宽 3.9 厘米（图九五，4；图版八七，5）。

标本 M300：20-2，出于椁室西北角。高 6.3、上宽 2.8、下口宽 3.7 厘米（图九五，5；图版八七，6）。

3. 鱼　99 件。

重 1.23 千克。出土时与陶珠组合围绕在棺罩木架四周，为棺罩串饰之组件。一般是 1 条铜鱼与 4~8 颗陶珠组成一个单元。铜鱼制作粗糙，其形状基本相同，大小不一。鱼身作扁薄的长条形，背部、腹部和臀部各有一鳍，鱼尾分叉，头端有一椭圆形或不规则形穿孔，作为鱼眼，可串系。皆为素面。铜鱼长 10.5 厘米左右，宽 1.4~3 厘米。

标本 M300：42-1a，长 10.5、宽 3、厚 0.2 厘米（图九五，2；图版八七，7 左）。

标本 M300：45-8a，长 10.5、宽 2.8、厚 0.2 厘米（图九五，3；图版八七，7 右）。

二、玉器及玛瑙器

共 906 件（颗）。分为佩玉、饰件和殓玉三类。

（一）佩玉

共 714 件（颗）。分为组合佩饰和单佩两类。

1. 组合佩饰

4 组，711 件（颗）（此统计数据包括 12 件铜管）。分别为梯形牌组玉佩、玉牌项饰及左臂臂饰、右臂臂饰。分别介绍如下。

（1）梯形牌组玉佩（M300：14 组）　1 组，528 件（颗）。

标本 M300：14 组，出土时排列比较整齐，佩戴于墓主颈部及胸前（图版八八）。以梯形牌为核心，起到总贯约束作用，牌上连接六条玛瑙珠，每串三四颗，无法佩戴于颈后，推测应连接织物或绳索再佩戴于颈部。牌下连接八条组件，每串组件种类、数量、长度及位置基本相同，由玉龟、玉管、玉珠、玛瑙管、玛瑙珠、料珠、煤精龟、海贝、铜管相间串联而成。该组佩共使用各种组件 528 件（颗），复原长度约 83 厘米（图九七，1、2；图版八九）。

① 梯形玉牌　1 件。

标本 M300：14-1，青白玉，因受沁而呈青绿色，微透明。平面为梯形，上窄下宽，正

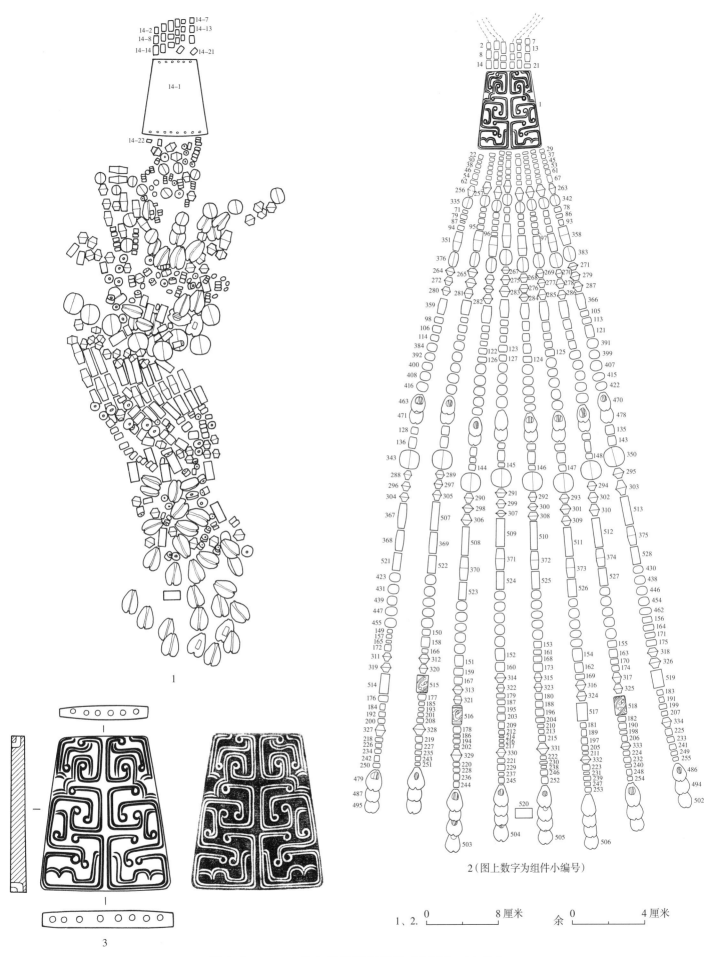

图九七　M300 出土梯形牌组玉佩（M300：14 组）

1. 组玉佩出土实景　2. 组玉佩复原图　3. 梯形牌（M300：14-1）

面微弧，背面平整，上、下两端分别钻有 6 个和 8 个牛鼻穿。正面纹饰左右对称，分别采用较宽的双阴线雕琢出四条龙的侧面形象，中间两龙龙尾交缠。构图巧妙，制作规整。高 8.4、上边宽 4.9、下边宽 7.2、厚 0.9 厘米（图九七，3；图版九〇）。

② 玉龟　8 件。

编号 M300：14-376～14-383。椭圆形，上、下两面有脊，素面。玉质细腻。可分两型。

A 型　5 件。扁宽形。皆青白玉。

标本 M300：14-379，长 1.6、宽 1.4、厚 0.55 厘米（图九八，1）。

标本 M300：14-381，稍窄。长 1.55、宽 1.2、厚 0.5 厘米（图九八，2）。

B 型　3 件。瘦长形。皆白玉。

标本 M300：14-376，长 1.6、宽 1、厚 0.75 厘米（图九八，3）。

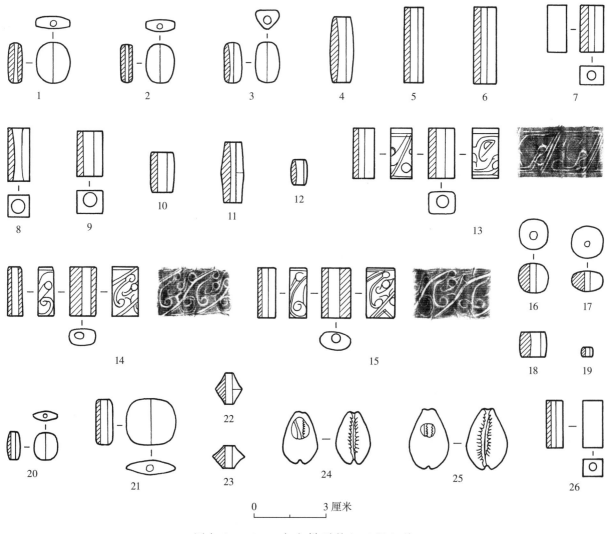

图九八　M300 出土梯形牌组玉佩组件

1~3. 玉龟（M300：14-379、14-381、14-376）　4~9. 玉管（M300：14-367、14-508、14-512、14-520、14-514、14-517）　10、11. 玛瑙管（M300：14-359、14-354）　12、18、19. 玛瑙珠（M300：14-14、14-160、14-47）　13~15. 玉管及拓本（M300：14-516、14-515、14-518）　16、17. 玉珠（M300：14-407、14-415）　20、21. 煤精龟（M300：14-338、14-350）　22、23. 料珠（M300：14-261、14-265）　24、25. 海贝（M300：14-469、14-483）　26. 铜管（M300：14-528）

③ 玉管　15 件。

编号 M300：14-367、14-507~14-520。其中 1 件（M300：14-520）未编入组玉佩，出土时散置于组佩末端海贝之间。以玉管断面的形状，可分三型。

A 型　1 件。断面为圆形。

标本 M300：14-367，青玉，受沁呈黄褐色。腹部外鼓。素面。管内残存织物朽痕。长 2.6、直径 1 厘米（图九八，4）。

B 型　12 件。断面为方形。大多素面。

标本 M300：14-508，青白玉，黄褐色。长 3、宽 0.8、厚 0.75 厘米（图九八，5）。

标本 M300：14-512，青白玉，黄褐色。较薄。穿孔内有绳索残迹。长 3、宽 0.9、厚 0.6 厘米（图九八，6）。

标本 M300：14-520，白玉，冰青色。长 1.85、宽 1、厚 0.8 厘米（图九八，7；图版九一，1）。此玉管应为该组玉佩组件，出土时即放置在此套组玉佩上。

标本 M300：14-514，青白玉，冰青色。体较短，穿孔较大。长 2.1、宽 0.9、厚 0.9、钻孔直径 0.55 厘米（图九八，8；图版九一，2）。

标本 M300：14-517，青白玉，冰青色。体较短。长 1.8、宽 1.1、厚 1 厘米（图九八，9；图版九一，3）。

标本 M300：14-516，青白玉，灰白色。饰龙纹。长 2、宽 1.1、厚 0.9 厘米（图九八，13；图版九一，4）。

C 型　2 件。断面为圆角方形，器身扁薄。皆白玉，受沁有黄色斑块。玉质细腻，半透明。器身饰龙纹，"臣"字眼，纹饰以对角线布局。

标本 M300：14-515，长 1.95、宽 1.1、厚 0.65 厘米（图九八，14；图版九一，5）。

标本 M300：14-518，长 2、宽 1.2、厚 0.7 厘米（图九八，15；图版九一，6）。

④ 玉珠　79 颗。

编号 M300：14-384~14-462。皆圆形珠。玉质以青白玉为主。大小、圆整度略有差异。

标本 M300：14-407，滚圆。直径 1.2 厘米（图九八，16）。

标本 M300：14-415，扁圆形。高 0.8、直径 1.3 厘米（图九八，17）。

⑤ 玛瑙管　24 件。

编号 M300：14-351~14-366、14-368~14-375。分为红色玛瑙、橘黄色玛瑙和白玛瑙三种，其中红色玛瑙、橘黄色玛瑙成排串接，白玛瑙成排串接，且制作精美。多为竹节状，长短、粗细略有差异。

标本 M300：14-359，白色。较长。长 1.6、直径 1 厘米（图九八，10）。

标本 M300：14-354，红色。较长。长 2.4、直径 1 厘米（图九八，11）。

⑥ 玛瑙珠　254 颗。

编号 M300：14-2~14-255。分为红色和橘黄色两种。穿孔绝大多数为人工孔，个别为自然孔。大小差异较大，较大者 80 颗，直径 1~1.2 厘米；较小者 174 颗，直径 0.4~0.8 厘米。

标本 M300：14-14，红色。较长。高 1、直径 0.7 厘米（图九八，12）。

标本 M300：14-160，红色。较大。高 1、直径 1.1 厘米（图九八，18）。

标本 M300：14-47，红色。较小。高 0.4、直径 0.5 厘米（图九八，19）。

⑦ 煤精龟　16 件。

编号 M300：14-335~14-350。大、小各 8 件，各自成排排列，多数残。皆扁平状，正、背面有脊。

标本 M300：14-338，较小。长 1.1、宽 1、厚 0.5 厘米（图九八，20）。

标本 M300：14-350，较大。长 1.8、宽 2.1、厚 0.7 厘米（图九八，21）。

⑧ 料珠　79 颗。

编号 M300：14-256~14-334。分为浅绿色和淡蓝色两种。形状相同，皆为鼓形珠。大小、薄厚略有差异。

标本 M300：14-261，浅绿色。较瘦长。高 1.25、直径 1.1 厘米（图九八，22）。

标本 M300：14-265，淡蓝色。较宽薄。高 0.9、直径 1.4 厘米（图九八，23）。

⑨ 海贝　44 件。

编号 M300：14-463~14-506。大小略有差异，穿孔大小不一，形状多不规则。

标本 M300：14-469，较小。长 2.05、宽 1.4、厚 1 厘米（图九八，24）。

标本 M300：14-483，较大。长 2.4、宽 1.65、厚 1.2 厘米（图九八，25）。

⑩ 铜管　8 件。

编号 M300：14-521~14-528。锈蚀严重，但能看出皆为短方管。

标本 M300：14-528，长 1.9、宽 0.9、厚 0.7 厘米（图九八，26）。

（2）玉牌项饰（M300：8 组）　1 组，100 件（颗）。

标本 M300：8 组，出土于墓主颈部。经现场分析，复原其串联方式如下：由 1 件方形玉牌、6 件束绢形玉牌与 93 颗红色或橘红色玛瑙珠分三排间隔串联而成。复原周长 68 厘米（图九九；图版九二）。

① 方形玉牌　1 件。

标本 M300：8-1，白玉，玉质细腻，晶莹温润。为改制器，上为弧面，纹饰内容不全，余留的纹饰仅能判断为两组鸟纹，仅存眼睛及鸟冠，鸟冠阴线纹饰极其细致。底面磨平，素面。中央有对穿孔。长 3.95、宽 2.6、厚 0.35 厘米（图一○一，1；图版九三，1、2）。

② 束绢形玉牌　6 件。

编号 M300：8-2~8-7。皆白玉。个别玉牌有黄色斑点，玉质细腻。大小略有差异，薄厚、形状及正面纹样基本相同。背面的纹饰（原器纹饰）可接续为鸟纹，判断当为同一玉璧（或玉环）改制而成。正面由阴线和阳线雕出束绢纹，背面为原玉器鸟纹的局部纹样，从大斜刀的制作工艺分析，原器年代应为周穆王时期。两端宽窄不一，且各有 3 个牛鼻穿。

标本 M300：8-2，有少许黄色斑点。背面留有"臣"字眼、鸟冠等纹样。长 4、一端宽 2.6、另一端宽 2.2、厚 0.4 厘米（图一○○，1；图版九三，3、4）。

标本 M300：8-3，稍长。背面有鸟尾交缠纹样。长 4、一端宽 2.6、另一端宽 2.3、厚 0.4 厘米（图一○○，2；图版九三，5、6）。

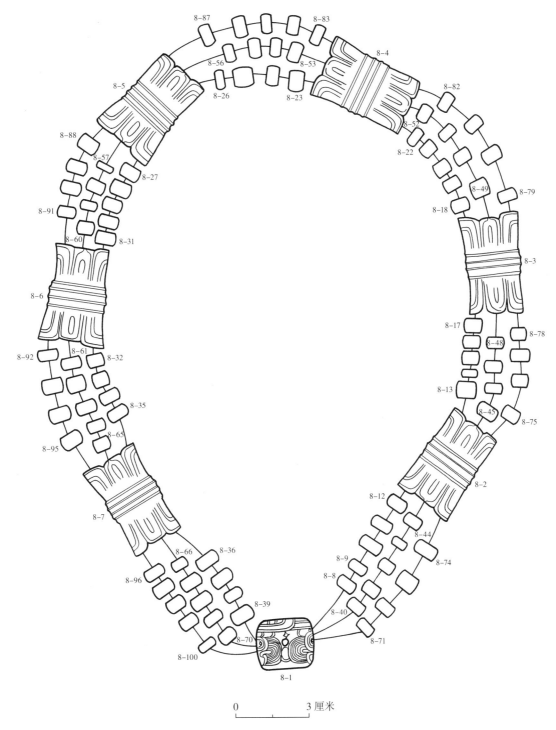

图九九　M300 出土玉牌项饰（M300：8 组）

8-1.方形玉牌　　8-2~8-7.束绢形玉牌　　8-8~8-100.玛瑙珠

标本 M300：8-4，背面局部被植物酸侵蚀。长 4、一端宽 2.65、另一端宽 2.1、厚 0.4 厘米（图一○○，3；图版九三，7、8）。

标本 M300：8-5，背面留有纹饰。长 3.9、一端宽 2.6、另一端宽 2.2、厚 0.4 厘米（图一○○，4；图版九四，1、2）。

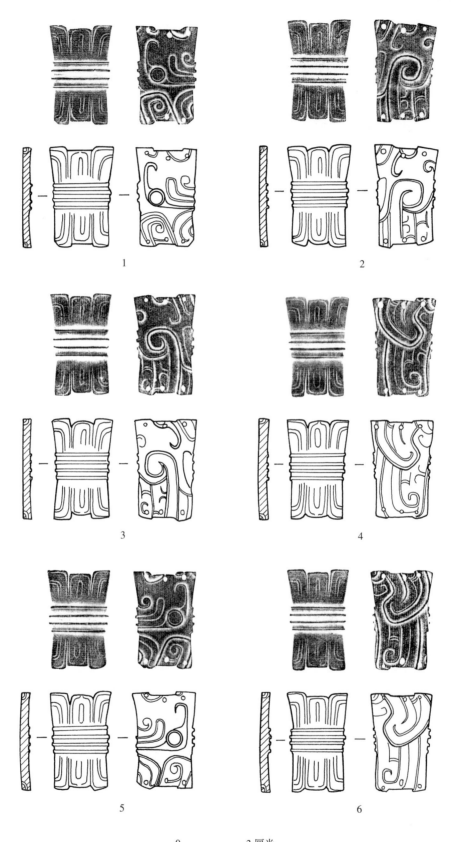

图一〇〇　M300 出土玉牌项饰组件

1~6. 束绢牌（M300：8-2~8-7）及其纹饰拓本

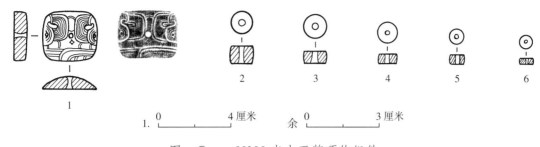

图一○一　M300 出土玉牌项饰组件

1.方形玉牌（M300：8-1）　2~6.玛瑙珠（M300：8-73、8-10、8-78、8-66、8-57）

标本 M300：8-6，背面留有"臣"字眼、鸟冠等纹样。长 4、一端宽 2.5、另一端宽 2.1、厚 0.4 厘米（图一○○，5；图版九四，3、4）。

标本 M300：8-7，背面留有纹饰。长 3.9、一端宽 2.4、另一端宽 2.1、厚 0.3 厘米（图一○○，6；图版九四，5、6）。

③ 玛瑙珠　93 颗。

编号 M300：8-8~8-100。分管形珠和鼓形珠两种，以后者居多。制作细致。大小略有差异，高 0.4~0.7、直径 0.7~0.9 厘米。

标本 M300：8-73，管形珠。较粗，较高。高 0.7、直径 1、孔径 0.3 厘米（图一○一，2）。

标本 M300：8-10，管形珠。较粗，较矮。高 0.5、直径 1、孔径 0.3 厘米（图一○一，3）。

标本 M300：8-78，鼓形珠。较细，较矮。中孔单面钻。高 0.4、直径 0.8、孔径 0.25~0.35 厘米（图一○一，4）。

标本 M300：8-66，鼓形珠。较细，较矮。高 0.4、直径 0.7、孔径 0.2 厘米（图一○一，5）。

标本 M300：8-57，鼓形珠。较细小。中孔单面钻。高 0.25、直径 0.6、孔径 0.1 厘米（图一○一，6）。

（3）左臂臂饰（M300：11 组）　1 组，41 件（颗）。出土于墓主左臂。

标本 M300：11 组，由 1 件玉兽面、2 件玉贝、4 件玉蚕、5 件玛瑙管、14 颗玛瑙珠、1 件料管、10 颗料珠、4 件铜管分内外两圈相间串联而成。除料管外，每圈串饰其他各种构件的数量基本相等，玉兽面则起到约束作用。复原周长 40 厘米（图一○二；图版九五，1）。

① 玉兽面　1 件。

标本 M300：11-1，青白玉，冰青色，无沁色。玉质细腻，光洁温润，半透明。"臣"字眼，卷鼻，双角高耸。长 2、宽 1.9、厚 0.5 厘米（图一○三，1、2；图版九五，2）。

② 玉贝　2 件。

标本 M300：11-2 出土时位于内圈，标本 M300：11-3 出土时位于外圈。两者玉质、玉色、形制、大小、薄厚相同。青白玉，冰青色，局部有黄色斑块。玉质细腻，微透明。平面略呈菱形，上、下两端为弧形，正面较平，四角浮雕四个凸饰，背面隆起，中部纵刻一凹槽，上端对穿一圆孔。长 2.3、宽 2、厚 0.6 厘米（图一○三，3；图版九五，3）。

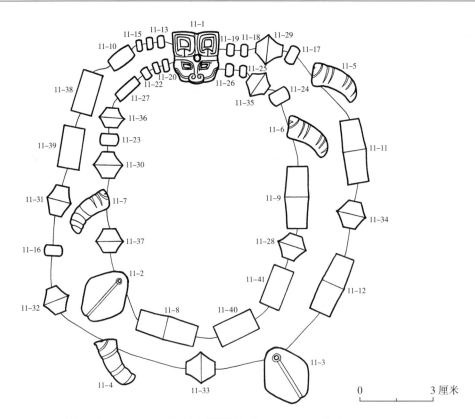

图一〇二   M300 出土左臂臂饰（M300：11 组）

11-1. 玉兽面   11-2、11-3. 玉贝   11-4~11-7. 玉蚕   11-8~11-12. 玛瑙管   11-13~11-26. 玛瑙珠   11-27. 料管   11-28~11-37. 料珠
11-38~11-41. 铜管

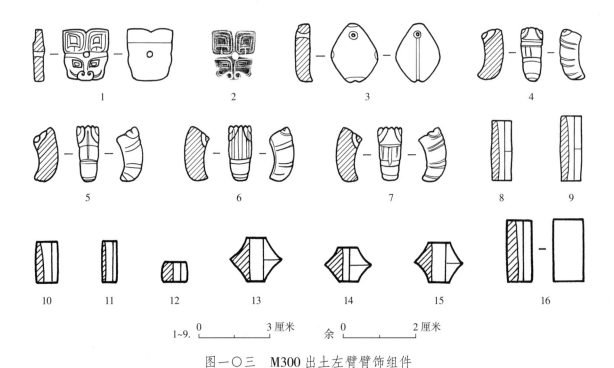

图一〇三   M300 出土左臂臂饰组件

1、2. 玉兽面（M300：11-1）及其正面纹饰拓本   3. 玉贝（M300：11-2）   4~7. 玉蚕（M300：11-4~11-7）   8~10. 玛瑙管（M300：11-8、
11-11、11-10）   11. 料管（M300：11-27）   12. 玛瑙珠（M300：11-16）   13~15. 料珠（M300：11-28、11-35、11-29）   16. 铜管
（M300：11-38）

③ 玉蚕　4 件。

标本 M300：11-4 与标本 M300：11-5 出土时位于外圈，标本 M300：11-6 与标本 M300：11-7 出土时位于内圈。它们的玉质、玉色、形制、大小、薄厚基本相同。青白玉，冰青色，局部有黄色斑块。玉质细腻，微透明。方形头部有浮雕圆目，曲体，嘴部有一斜穿，断面呈圆角方形。饰阴线纹，腹部素面。长 2.1、宽 0.9、厚 0.9 厘米（图一〇三，4~7；图版九五，4、5）。

④ 玛瑙管　5 件。

编号 M300：11-8~11-12。均为红色。4 件较长，竹节状；1 件甚短，圆管。

标本 M300：11-8，竹节状。长 2.4、两端直径 0.8 厘米（图一〇三，8）。

标本 M300：11-11，竹节状。长 2.6、两端直径 0.8 厘米（图一〇三，9）。

标本 M300：11-10，圆管。长 1.1、直径 0.6 厘米（图一〇三，10）。

⑤ 玛瑙珠　14 颗。

编号 M300：11-13~11-26。均为红色。9 颗稍大；5 颗甚小，直径仅 0.4 厘米。

标本 M300：11-16，稍大。高 0.55、直径 0.75 厘米（图一〇三，12）。

⑥ 料管　1 件。

标本 M300：11-27，出土时位于内圈。淡蓝色。直管。长 1.1、直径 0.4 厘米（图一〇三，11）。

⑦ 料珠　10 颗。

编号 M300：11-28~11-37。均为菱形珠。表面有淡蓝色和浅绿色两种。略有大小之别。

标本 M300：11-28，淡蓝色。稍大。高 1.1、直径 1.5 厘米（图一〇三，13）。

标本 M300：11-35，淡蓝色。稍小。高 0.9、直径 1.3 厘米（图一〇三，14）。

标本 M300：11-29，浅绿色。高 1、直径 1.3 厘米（图一〇三，15）。

⑧ 铜管　4 件。

编号 M300：11-38~11-41。方形管。锈蚀严重。

标本 M300：11-38，长 1.65、宽 0.85、厚 0.7 厘米（图一〇三，16）。

（4）右臂臂饰（M300：10 组）　1 组，42 件（颗）。出土于墓主右臂处。

标本 M300：10 组，由 1 件玉牌、1 件玉贝、2 件玉蚕、2 件玉龟与 9 件玛瑙管、17 颗玛瑙珠、6 件绿松石管、4 颗料珠分内外两圈相间串联而成，玉牌则起到约束作用。复原周长 40 厘米（图一〇四；图版九六，1）。

① 玉牌　1 件。

标本 M300：10-1，白玉，局部有黄色斑块。玉质细腻，微透明。圆角方形，上面隆起，底面平整，中央有穿孔。上面饰鸟纹，圆目，勾喙，高冠，鸟首居于方牌中部，鸟身旋转一周，阴线刻。底素面。长 2.5、宽 2.5、厚 0.8 厘米（图一〇五，1；图版九六，2）。

② 玉贝　1 件。

标本 M300：10-2，白玉，玉质细腻，微透明。平面略呈菱形，上端尖圆，下端微弧，正面微鼓，下端浮雕一个凸饰，两端对称琢制两条平行弧线，背面隆起，中部纵刻一凹槽，

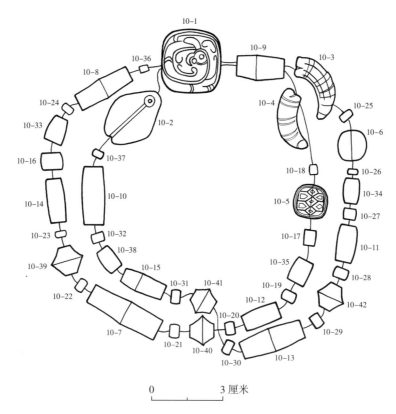

0　　　　3厘米

图一〇四　M300 出土右臂臂饰（M300：10 组）

10-1. 玉牌　10-2. 玉贝　10-3、10-4. 玉蚕　10-5、10-6. 玉龟　10-7～10-15. 玛瑙管　10-16～10-32. 玛瑙珠　10-33～10-38. 绿松石管
10-39～10-42. 料珠

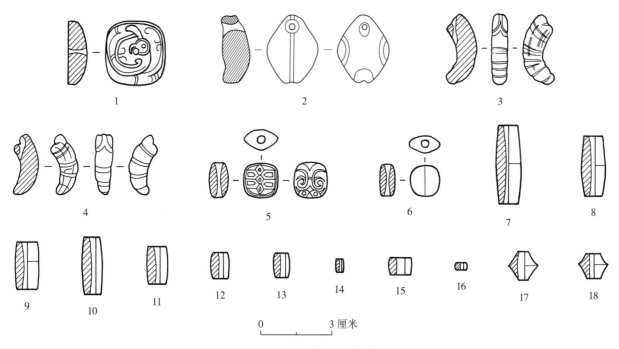

0　　　　3厘米

图一〇五　M300 出土右臂臂饰组件

1. 玉牌（M300：10-1）　2. 玉贝（M300：10-2）　3、4. 玉蚕（M300：10-3、10-4）　5、6. 玉龟（M300：10-5、10-6）　7～11. 玛
瑙管（M300：10-7～10-11）　12～14. 绿松石管（M300：10-33、10-34、10-36）　15、16. 玛瑙珠（M300：10-16、10-18）　17、18.
料珠（M300：10-39、10-41）

上端对穿一圆孔。长 2.7、宽 2.1、厚 1.15 厘米（图一〇五，2；图版九六，3）。

③玉蚕 2件。

白玉，微透明。方形头部有浮雕圆目，曲体，嘴部有一斜穿，断面呈圆角方形。饰阴线纹，表达蚕之体节，腹部素面。

标本 M300：10-3，因受沁略呈黄绿色。长 2.85、宽 0.9、厚 0.7 厘米（图一〇五，3；图版九六，4左）。

标本 M300：10-4，嘴部有黄色斑块。长 2.4、宽 0.8、厚 0.7 厘米（图一〇五，4；图版九六，4右）。

④玉龟 2件。

白玉，玉质细腻，微透明。圆形，两端稍平。

标本 M300：10-5，因受沁局部有黄色斑块。背部中脊凸出，饰龟背纹。腹部隆起，头部浮雕双圆目，穿孔代表龟口。长 1.4、宽 1.45、厚 0.8 厘米（图一〇五，5；图版九六，5右）。

标本 M300：10-6，两面有脊。素面。长 1.25、宽 1.25、厚 0.65 厘米（图一〇五，6；图版九六，5左）。

⑤玛瑙管 9件。

编号 M300：10-7~10-15。均为红色。依其形制分两型。

A型 5件。竹节状，长短不一。

标本 M300：10-7，暗红色。较长。长 3.15、两端直径 0.8 厘米（图一〇五，7）。

标本 M300：10-8，稍长。长 2.4、两端直径 1 厘米（图一〇五，8）。

标本 M300：10-9，较短。长 1.9、两端直径 1 厘米（图一〇五，9）。

B型 4件。管壁微鼓，长短不一。

标本 M300：10-10，较长。长 2.3、直径 0.85 厘米（图一〇五，10）。

标本 M300：10-11，暗红色。较短。长 1.5、直径 0.85 厘米（图一〇五，11）。

⑥玛瑙珠 17颗。

编号 M300：10-16~10-32。大多为红色，少数为橘黄色。分为鼓形珠和管形珠两种。大小悬殊，又以小者居多。

标本 M300：10-16，管形珠。高 0.7、直径 0.9 厘米（图一〇五，15）。

标本 M300：10-17，鼓形珠。较细。高 0.7、直径 0.6 厘米。

标本 M300：10-18，甚小。高 0.3、直径 0.5 厘米（图一〇五，16）。

⑦绿松石管 6件。

编号 M300：10-33~10-38。皆为扁管。器表多有黄色斑块。

标本 M300：10-33，长 1.1、宽 0.8 厘米（图一〇五，12）。

标本 M300：10-34，长 1、宽 0.65 厘米（图一〇五，13）。

标本 M300：10-36，甚小。长 0.55、宽 0.3 厘米（图一〇五，14）。

⑧料珠 4颗。

编号 M300：10-39~10-42。皆菱形珠。器表色彩多脱落。

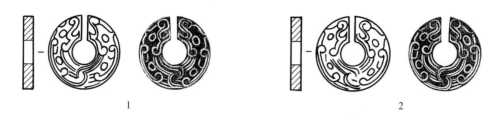

图一○六　M300 出土玉玦

1. M300：6　2. M300：7

标本 M300：10-39，高 1.2、直径 1.2 厘米（图一○五，17）。

标本 M300：10-41，稍矮。高 1、直径 1.2 厘米（图一○五，18）。

2. 单佩

（1）玉玦　1 对 2 件。

成对。两者玉质、纹样、大小、薄厚相同。

标本 M300：6 与标本 M300：7，分别出土于墓主左、右耳部。白玉，无沁色，背面略被侵蚀。玉质细腻，透明。器身较厚。单面工，正面琢有双龙纹，以缺口为界，两龙首相对，椭圆形目，翘鼻，张口，曲体，两龙尾缠绕。外径 3、孔径 0.9、厚 0.45 厘米（图一○六，1、2；图版九七，1~4）。

（2）小玉钺　1 件。

标本 M300：2，出土于墓主胸部右侧。青白玉，黄绿色，微透明。整体呈纵长方形，单面弧刃较宽，器身上部有穿孔，两侧有齿牙形装饰。高 2.4、刃宽 1.7、厚 0.3 厘米（图一○七，1）。

3. 组佩散件

在椁室西南角发现数量众多的玛瑙珠、绿松石管（珠）、煤精龟，当为组佩的散件，共 188 件（颗）。均散逸，无法穿就。

（1）玛瑙珠　140 颗。

直径大于等于 1 厘米者 12 颗，小于 1 厘米者 128 颗（图版九八，1）。

标本 M300：19-1，较大。高 1、直径 1.1 厘米（图一○八，1）。

标本 M300：19-14，较小。高 0.6、直径 0.8 厘米（图一○八，2）。

标本 M300：19-51，低矮。高 0.25、直径 0.8 厘米（图一○八，3）。

（2）绿松石管　3 件（图版九八，2）。

2 件为扁管。

标本 M300：19-141，高 0.8、宽 0.8、厚 0.4 厘米（图一○八，4）。

标本 M300：19-142，高 0.9、宽 0.7、厚 0.4 厘米（图一○八，5）。

1 件为圆管。

标本 M300：19-143，高 0.45、直径 0.35 厘米（图一○八，6）。

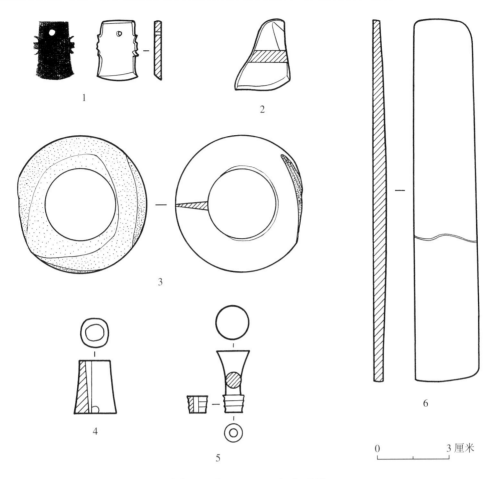

图一〇七　M300 出土玉器

1. 小钺（M300：2）　2. 残片（M300：4）　3. 瑗（M300：17）　4. 管（M300：18）　5. 喇叭形饰（M300：23）　6. 柄形器（M300：3）

（3）绿松石珠　44 颗。

为扁圆体，体形小而制作精，可能是组合佩玉的组件。高 0.05~0.3、直径 0.3~0.6 厘米（图版九八，2）。

标本 M300：19–152，高 0.3、直径 0.4 厘米（图一〇八，7）。

标本 M300：19–177，高 0.1、直径 0.5 厘米（图一〇八，8）。

（4）煤精龟　1 件。

标本 M300：19–188，龟形，未打孔。长 1.1、宽 0.8、厚 0.45 厘米（图一〇八，9）。

（二）饰件

1. 瑗　1 件。

标本 M300：17，出土于椁室西南角。碧玉，玉质较差。扁薄体，薄厚不匀，非正圆形。制作粗糙，当为葬玉。外径 5.5、孔径 2.8、厚 0.3 厘米（图一〇七，3；图版九七，5、6）。

2. 柄形器　1 件。

标本 M300：3，出土于内棺西侧。断为二节。碧玉，玉质较差。长条形，素面。高 14.4、宽 2.6、厚 0.55 厘米（图一〇七，6；图版九九，1）。

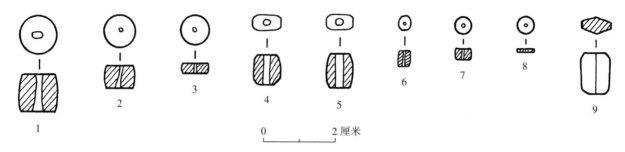

图一〇八　M300 出土玛瑙珠、绿松石管珠、煤精龟

1~3. 玛瑙珠（M300：19-1、19-14、19-51）　4~6. 绿松石管（M300：19-141~19-143）　7、8. 绿松石珠（M300：19-152、19-177）
9. 煤精龟（M300：19-188）

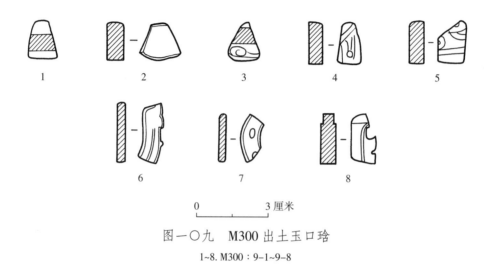

图一〇九　M300 出土玉口琀

1~8. M300：9-1~9-8

3. 喇叭形饰　1 件。

标本 M300：23，出土于椁室西北部。接于圆柱状朱漆木器顶端，木痕残存长 60 厘米。应为木器端饰。喇叭形，顶端圆形，下端凸起四道弦纹并有垂直钻孔，中段较细。高 2.5、上端直径 1.4、下端直径 0.8 厘米，钻孔深 0.7 厘米（图一〇七，5；图版九九，2）。

4. 管　1 件。

标本 M300：18，青白玉，微透明。圆台状，较高，中央有穿孔，上小下大。高 2.1 厘米，顶面直径 1.25、孔径 0.75 厘米，底面直径 1.7、孔径 0.6 厘米（图一〇七，4；图版九九，3）。

5. 残片　1 件。

标本 M300：4，出土于外棺盖板上。青白玉。残片呈三角形。残长 2.8、厚 0.45 厘米（图一〇七，2；图版九九，4）。

（三）殓玉

仅见玉口琀 8 件，编号 M300：9-1~9-8。均为玉器残片，有白玉、青白玉两种。最大者长 2.3、宽 0.9 厘米，最小者长 1.6、宽 1.2 厘米（图一〇九，1~8；图版九九，5）。

三、石器

共 17 件。计有圭、蚕、管三种。从出土位置分析，它们或为礼器，或为饰棺串饰组件。

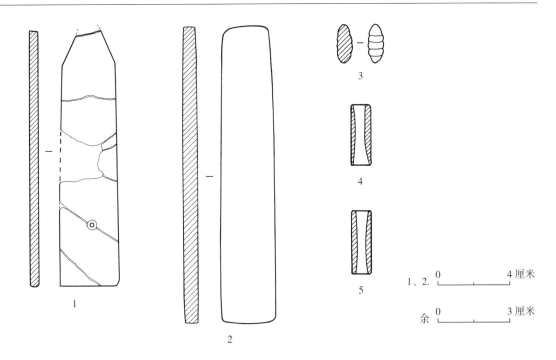

图一一〇　M300 出土石器

1、2. 圭（M300：24、30）　　3. 蚕（M300：28）　　4、5. 管（M300：21-9a、21-5a）

1. 圭　2 件。

标本 M300：24，发现于铜簋内。出土时已断为数节，器身局部和尖峰缺失，疑为下葬时有意为之。三角形圭首，长条形器身，下端平齐，薄厚均匀，下部有穿孔。残长 13.6、宽 3.2、厚 0.5 厘米（图一一〇，1；图版一〇〇，1）。

标本 M300：30，出土于椁底板下。长条形，薄厚均匀，上端两侧稍磨、较窄，当为石圭半成品。长 15.7、上端宽 2.4、器身宽 2.9、厚 0.8 厘米（图一一〇，2；图版一〇〇，2）。

2. 蚕　1 件。

标本 M300：28，出土于内棺底板下。圆柱状，体节明显，两端尖圆。长 1.5、腹径 0.6 厘米（图一一〇，3）。

3. 管　14 件。

与海贝同出于棺外西侧，当为饰棺串饰组件。均为方管，断面为正方形，中央有贯通孔，大小几乎相同（图版一〇〇，3）。

标本 M300：21-9a，长 2.4、宽 0.8 厘米（图一一〇，4）。

标本 M300：21-5a，长 2.5、宽 0.8 厘米（图一一〇，5）。

四、骨、蚌器

181 件。计有骨钉、蚌片、海贝和海螺四种。

（一）骨器

仅骨钉一种，共 103 颗。发现于内棺四周，其中东侧 30 颗、南侧 23 颗、西侧 29 颗、北侧 21 颗。均为四棱锥状，长短不一（图版一○一，1）。

标本 M300：27-2a，较细长。长 3.3 厘米（图一一一，1）。

标本 M300：27-2b，较短粗。长 2.2 厘米（图一一一，2）。

标本 M300：27-2c，较短粗。长 2.05 厘米（图一一一，3）。

（二）蚌器

1. 蚌片　15 件。

与标本 M300：3 玉柄形器同出于内棺西侧，并连接柄形器一端，当为其饰物。蚌片薄厚相同，有长条形（11 件）和长方形或方形（4 件）两种（图版一○一，2）。

标本 M300：5-1，长条形。长 6、宽 0.8 厘米（图一一一，4）。

标本 M300：5-5，长方形。长 2.7、宽 1.6 厘米（图一一一，5）。

标本 M300：5-7，正方形。较小。边长 1 厘米（图一一一，6）。

2. 海贝　62 件。

根据其出土位置，可分为饰棺海贝和手握海贝两种。

（1）饰棺海贝　38 件。

与石方管同出于棺外西侧。形制相同，大小略有差别（图版一○二，1）。

标本 M300：21-5b，较大。长 2.3、宽 1.7 厘米（图一一一，7）。

标本 M300：21-9b，较小。长 1.9、宽 1.45 厘米（图一一一，8）。

（2）手握海贝　24 件。

墓主左、右手各握有 12 件海贝，当起手握作用。均为三排，每排四件有序排列。两组海贝均有大小之别（图一一二，1、2；图版一○一，3、4）。

标本 M300：12-1，长 2.8、宽 1.9、厚 1.4 厘米（图一一二，3）。

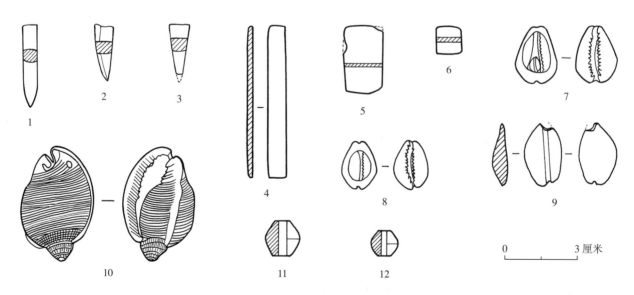

图一一一　M300 出土器物

1~3.骨钉（M300：27-2a、27-2b、27-2c）　4~6.蚌片（M300：5-1、5-5、5-7）　7、8.海贝（M300：21-5b、21-9b）　9.木贝（M300：1）
10.海螺（M300：25）　11、12.陶珠（M300：45-8b、45-18b）

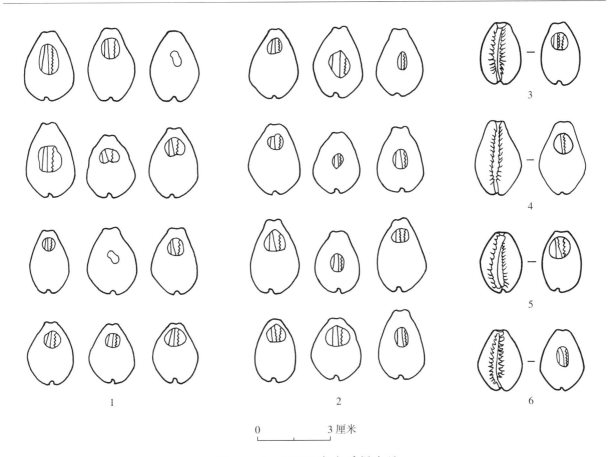

图一一二 M300 出土手握海贝

1. 左手手握（M300：12） 2. 右手手握（M300：13） 3~6. M300：12-1、12-2、13-1、13-2

标本 M300：12-2，长 2.9、宽 1.9、厚 1.3 厘米（图一一二，4）。

标本 M300：13-1，长 2.4、宽 1.7、厚 1.3 厘米（图一一二，5）。

标本 M300：13-2，长 2.4、宽 1.8、厚 1.4 厘米（图一一二，6）。

3. 海螺 1 件。

标本 M300：25，头部有穿孔。长 4.5 厘米（图一一一，10；图版一〇二，2）。

五、其他

墓中还发现木贝和陶珠，共 257 件（颗）。

（一）木贝

1 件。出土于椁室东侧，当为饰棺串饰组件。

标本 M300：1，上端呈尖状，下端呈弧形，正面隆起，背面平整，其中部纵向刻一凹槽，上端有一圆形穿孔。长 2.5、宽 1.55、厚 0.6 厘米（图一一一，9）。

（二）陶珠

为饰棺串饰组件，共 256 颗。算盘珠状，腹径 1~1.5 厘米（见图版一〇二，3）。

标本 M300：45-8b，较大。高 1.4、腹径 1.4 厘米（图一一一，11）。

标本 M300：45-18b，较小。高 1、腹径 1.1 厘米（图一一一，12）。

第五章　小型墓葬

第一节　Ⅰ区小型墓葬

Ⅰ区共清理小型墓 19 座，编号 M528、M593、M1400~M1416，其中 M1411 未发掘到底。14 座墓中发现有随葬品，但大多仅有一两件。随葬品主要为陶、石、骨、蚌器等，偶尔发现小铜铃及质地较差的玉器等，真实反映了低等级的墓主身份（附表七）。墓葬填土均为五花土。

一、M528

M528 北距 M1402 约 4 米，西距 M1408 约 1.8 米。M528 与 M1408、M1407、M1406、M1405、M1404 自东向西成排分布。

（一）墓葬形制

M528 为长方形竖穴土坑墓，略呈口小底大状。墓口长 2.87、宽 1.51 米，墓底长 2.97、宽 1.81 米，墓口至墓底 4.3 米。墓向 14°（图一一三）。

（二）葬具与葬式

葬具为一椁一棺。椁长 2.37、宽 1.32、残高 0.45 米，椁侧板厚 0.07~0.08 米。棺板长 1.84、北宽 0.68、南宽 0.62 米，板厚不详。

葬式为仰身直肢葬，墓主双手交叉放于胸前，头向北，面向上。人骨架长 1.76 米。

（三）随葬器物

少量随葬品分置于棺椁之间和棺内。2 件石圭分别位于椁室东北角及南端，14 件陶磬分别出土于椁室南、北两端及东侧。12 件玉片出自墓主腹部，5 件残陶磬出土于墓主左股骨附近及脚下，1 件蚌片出土于墓主右髋骨处。墓主口内发现石口琀 141 件、海贝 1 件。

1. 玉器

12 件。皆小玉片，分长条形和兽形两种（图版一〇三，1）。

兽形玉片　5 件。

标本 M528：10-1，白玉，微透明。长尾拖地，首部未加工。长 3.5、宽 1.2、厚 0.1 厘米（图一一四，1；图版一〇三，2）。

长条形玉片　7 件。

标本 M528：11-1，白玉，微透明，有少许黄色斑块。长 3、宽 0.7、厚 0.1 厘米（图

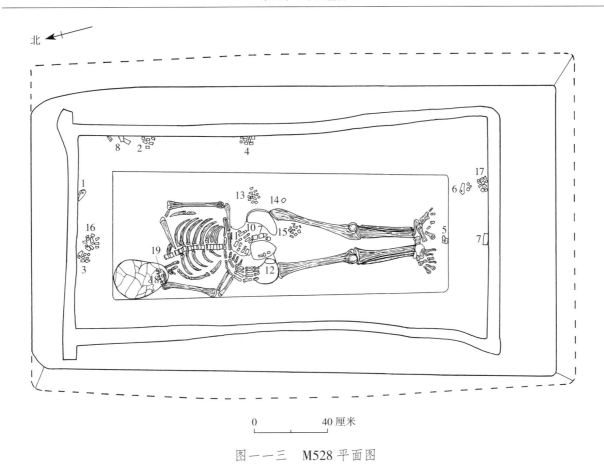

北

0　　　　40厘米

图一一三　M528平面图

1~6、13~17.陶磬　7、8.石圭（残）　10、11.玉片　12.蚌片　18.石口琀　19.海贝

一一四，2；图版一〇三，3）。

2. 石器

仅有圭和口琀两种。

圭　2件。

长条形，薄厚均匀，圭首残断，上端两侧稍磨、较窄。当为石圭半成品。

标本 M528：8，残长 10.8、宽 2.2、厚 0.4 厘米（图一一四，3；图版一〇三，4）。

标本 M528：7（7 和 9 合为一号），体薄。残长 14.5、宽 3.3、厚 0.2 厘米（图一一四，4；图版一〇三，5）。

口琀　141 件。

标本 M528：18，均为白色小石块。形状各异，长 1 厘米左右（图版一〇四，1）。

3. 陶器

仅小陶磬一种，共 19 件，其中 6 件完好或可修复。均为明器，制作粗糙。皆夹砂红陶（图版一〇四，2）。

标本 M528：6-1，底边长 5.2、高 3、厚 0.65 厘米（图一一四，6）。

标本 M528：6-2，底边长 5.2、高 2.8、厚 0.5 厘米（图一一四，7）。

标本 M528：4-1，底边残长 4.5、高 2、厚 0.5 厘米（图一一四，8）。

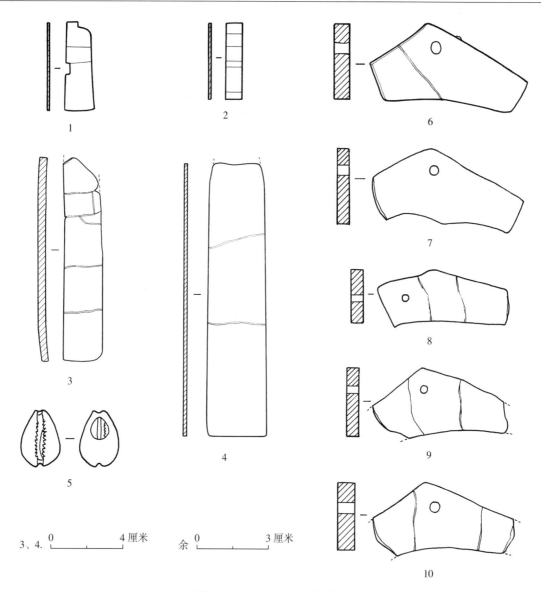

图一一四　M528 出土器物

1、2. 玉片（M528：10-1、11-1）　3、4. 石圭（M528：8、7）　5. 海贝（M528：19）　6~10. 陶磬（M528：6-1、6-2、4-1、4-2、2-1）

标本 M528：4-2，底边残长 4、高 2.6、厚 0.5 厘米（图一一四，9）。

标本 M528：2-1，底边残长 4.4、高 2.6、厚 0.7 厘米（图一一四，10）。

4. 蚌器

海贝　1 件。为口琀贝，其上端有穿孔。

标本 M528：19，长 2.2、宽 1.6 厘米（图一一四，5）。

蚌片　1 件。残。

二、M593

M593 东距 M1403 约 1.55 米，南距 M1410 约 1.5 米，西距 M1401 约 3.15 米。M593 与 M1403 成排分布。

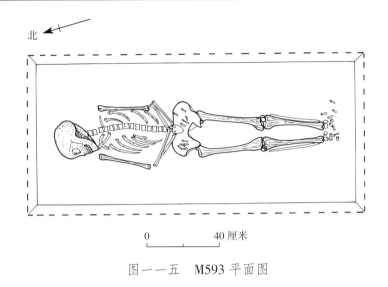

北

0　　　　　　40 厘米

图一一五　M593 平面图

（一）墓葬形制

M593 平面形状为长方形，大体为竖穴土坑墓，口小底大，墓壁平整。墓口长 1.74、宽 0.75 米，墓底长 1.84、宽 0.85 米，墓口至墓底 1.9 米。墓底北高南低，高差为 10 厘米。墓向 15°（图一一五；图版一〇五，1）。

（二）葬具与葬式

无葬具。

葬式为仰身直肢葬，双手交叉放于腹部，头向北，面向西。人骨架长 1.55 米。

（三）随葬器物

未发现随葬品。

三、M1400

M1400 北距 M1401 约 1.9 米，东距 M1409 约 2.3 米，东南距 M1406 约 3 米，南距 M1405 约 3 米，西南距 M1416 约 1.3 米，西距 M560 约 4.3 米，西北距 M1415 约 0.6 米。M1400 与 M1409 成排分布。

（一）墓葬形制

M1400 为长方形竖穴土坑墓，墓壁垂直。墓室长 2.77、宽 1.5 米，墓口至墓底 6 米。墓向 30°（图一一六）。

（二）葬具与葬式

葬具为一椁一棺。椁长 2.3、宽 1.1 米，椁板厚度不详。棺端板包侧板，呈"Ⅱ"字形，棺长 2.01、宽 0.64 米，棺板厚 0.06 米。

葬式为仰身直肢葬，双手交叉放于腹部，头向北，面向上。人骨架长 1.64 米。墓主为男性。

（三）随葬器物

随葬品中有 6 件小铜铃。其中，4 件位于棺椁之间，3 件在西侧，1 件在东侧；2 件在

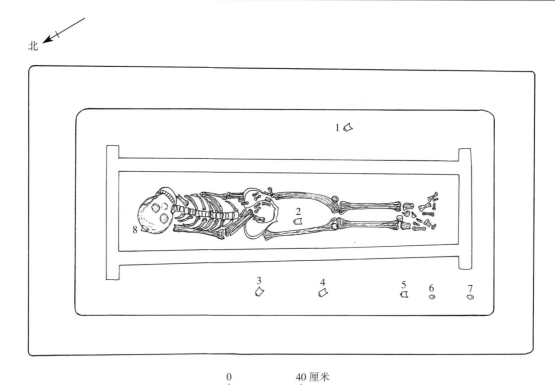

图一一六　M1400 平面图

1~5、8.小铜铃　6、7.石贝

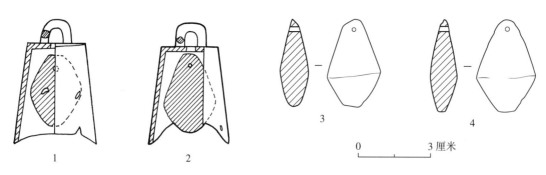

图一一七　M1400 出土器物

1、2.小铜铃（M1400：2、8）　3、4.石贝（M1400：6、7）

棺内，1 件处于墓主头顶，1 件处于墓主两股骨之间。另有 2 件石贝，位于棺椁之间西南侧。

小铜铃　6 件。

形状、大小大体相同。平顶，环形纽，铃腔内有石贝作为铃舌；纽下顶面有一穿孔，用以绑缚铃舌。铃体上窄下宽，下口边缘向上弧起，器身断面为椭圆形。素面（图版一〇五，2）。

标本 M1400：2，通高 5、上宽 2.4、下口宽 3.4 厘米。铃舌较瘦长，高 2.8、宽 2.1 厘米（图一一七，1）。

标本 M1400：8，通高 4.9、上宽 2.4、下口宽 3.4 厘米。铃舌较宽短，高 3.2、宽 2.2 厘米（图一一七，2）。

石贝　2件。

平面略呈菱形，上端有穿孔。

标本 M1400 : 6，长 3.5、宽 2.2、厚 1.2 厘米（图一一七，3）。

标本 M1400 : 7，长 3.7、宽 2.4、厚 1.1 厘米（图一一七，4）。

四、M1401

M1401 东距 M593 约 3.15 米，东南距 M1409 约 3.8 米，南距 M1400 约 1.9 米，西距 M1415 约 2.1 米，西北距 M1412 约 2 米。M1401 与 M1402、M1410、M1411（未发掘到底）、M1412、M1413、M1414 成排分布。

（一）墓葬形制

M1401 平面形状大体为长方形，竖穴土坑墓，北窄南宽，墓壁垂直。墓室长 2.48、北宽 1.15、南宽 1.29 米，墓口至墓底 4.85 米。墓向 30°（图一一八；图版一〇六，1）。

（二）葬具与葬式

葬具为单棺，长 2.14、宽 0.74、残高 0.55 米。墓室东端保存 10 块盖板残迹，每块宽窄不一，最宽者 0.22、最窄者 0.04 米，厚 0.09 米。

葬式为仰身直肢葬，双手交叉放于腹部，头向北，面向西。人骨架长 1.7 米。

（三）随葬器物

1 件蚌刀位于人骨架左肩部，2 件蚌片位于墓主左臂外侧，墓主口内有 5 块石璧残块作为口琀。

石口琀　5块。

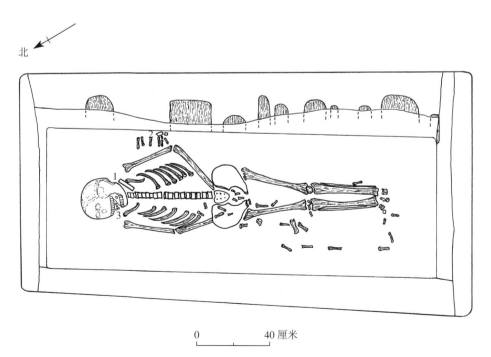

图一一八　M1401 平面图

1.蚌刀　2.蚌片　3.石口琀

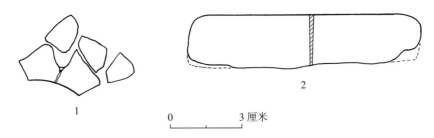

图一一九　M1401 出土器物

1. 石口珤（M1401：3）　2. 蚌刀（M1401：1）

标本 M1401：3，出自同一残石璧。素面。打磨痕迹明显。最大残块长 3.5、宽 1.5 厘米（图一一九，1；图版一〇六，2）。

蚌刀　1 件。

标本 M1401：1，长条形，一侧有刃，使用痕迹明显。长 9.5、宽 2.1、厚 0.15 厘米（图一一九，2；图版一〇六，3）。

五、M1402

M1402 北距 M1403 约 1.7 米，南距 M528 约 4 米，西距 M1410 约 0.65 米。

（一）墓葬形制

M1402 为长方形竖穴土坑墓，墓壁垂直。墓室长 1.86、宽 0.66~0.7 米，墓口至墓底 1.05 米。墓向 27°（图一二〇）。

（二）葬具与葬式

无葬具。

葬式为仰身直肢略偏向西侧，双手交叉于胸前右侧，头向东北，面向西。人骨架长 1.56 米。

（三）随葬器物

无随葬品。

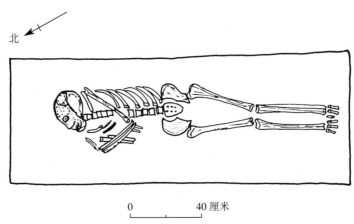

图一二〇　M1402 平面图

六、M1403

M1403 南距 M1402 约 1.7 米，西南距 M1410 约 1.8 米，西距 M593 约 1.55 米。M1403 与 M593、M592（未发掘）、M591（未发掘）成排分布。

（一）墓葬形制

M1403 为长方形竖穴土坑墓，口小底大。墓口长 1.97、宽 0.93 米，墓底长 2.64、宽 1.36 米，墓口至墓底 4.05 米。四周均有二层台，宽窄不一，二层台宽 0.07~0.16、高 0.5 米。墓向 9°（图一二一）。

（二）葬具与葬式

葬具为一椁一棺。椁长 1.85、宽 0.81、残高 0.24 米，椁板厚 0.06~0.07 米。棺长 1.65、北宽 0.55、南宽 0.47 米，棺板厚 0.03~0.06 米。

葬式为仰身屈肢葬，双手交叉置于腹部，头向北，面向上。

（三）随葬器物

在棺椁之间的东北角随葬 1 件陶罐，另在墓主口中发现 1 件骨贝。

陶罐　1 件。

标本 M1403：1，泥质红陶。侈口，圆唇，折肩，斜弧腹，平底。通高 8.1、口径 6.9、底径 6.5 厘米（图一二二，1；图版一〇七，1）。

骨贝　1 件。

标本 M1403：2，有穿孔。长 2.5、宽 1.8、厚 1.3 厘米（图一二二，2）。

七、M1404

M1404 东北距 M1416 约 1.1 米，东距 M1405 约 1.3 米，西距 M560 约 1.9 米。M1404 与 M528、M1408、M1407、M1406、M1405 成排分布。

（一）墓葬形制

M1404 为长方形竖穴土坑墓，墓壁垂直。墓室长 1.9、宽 0.7 米，墓口至墓底 1.5 米。墓向 30°（图一二三；图版一〇七，2）。

（二）葬具与葬式

无葬具。

葬式为仰身直肢葬，双手交叉放于腹部，头向北，面向上。人骨架长 1.65 米。经鉴定，墓主为男性，年龄 50 岁。

（三）随葬器物

无随葬品。

八、M1405

M1405 北距 M1400 约 3 米，东距 M1406 约 2.5 米，西距 M1404 约 1.3 米，西北距 M1416 约 1.25 米。

北

图一二一　M1403 平、剖面图

1. 陶罐　2. 骨贝

0　　　　　　50厘米

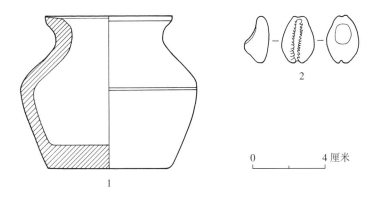

图一二二　M1403 出土器物

1. 陶罐（M1403：1）　2. 骨贝（M1403：2）

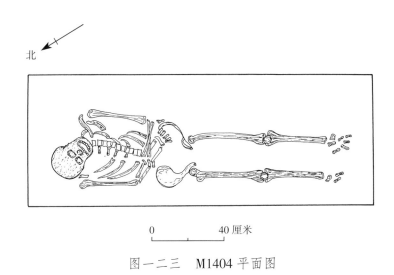

北

图一二三　M1404 平面图

（一）墓葬形制

M1405 为长方形竖穴土坑墓。墓口长 1.88、宽 0.7 米，墓底长 1.68、宽 0.7 米，墓口至墓底 2.25 米。墓葬北壁设有壁龛。壁龛设置于墓口下 1.18 米处，高 0.6、进深 0.28、宽 0.7 米。墓向 30°（图一二四；图版一〇八，1）。

（二）葬具与葬式

无葬具。

葬式为仰身直肢葬，双手交叉放于胸前，头向北，面向上。人骨架长 1.54 米。经鉴定，墓主为女性，年龄 20~23 岁。

（三）随葬器物

仅随葬 2 件陶器，置于墓主头顶的壁龛内。

陶罐　1 件。

标本 M1405：1，泥质灰陶。侈口，方唇，溜折肩，弧腹，平底。口沿下至肩部饰三组凹弦纹，腹部饰一周细绳纹。通高 14.8、口径 11.1、底径 9.2 厘米（图一二五，1；图版一〇八，2）。

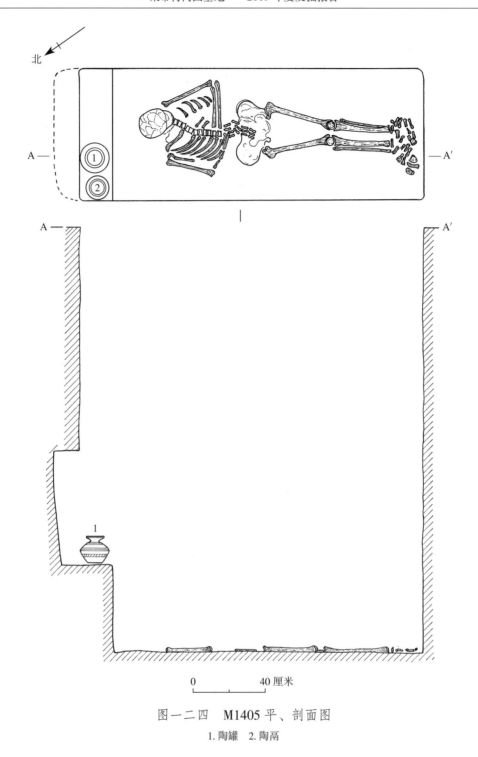

图一二四　M1405 平、剖面图

1. 陶罐　2. 陶鬲

陶鬲　1 件。

标本 M1405：2，夹砂灰陶。侈口，圆唇，联裆，锥足内空。沿下饰绳纹。通高 12.3、口径 12.3、腹深 8.3 厘米（图一二五，2；图版一〇八，3）。

九、M1406

M1406 东北距 M1409 约 3.15 米，东距 M1407 约 1.85 米，西距 M1405 约 2.5 米，西北距

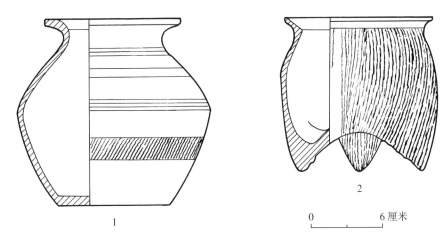

图一二五　M1405 出土陶器

1.罐（M1405：1）　2.鬲（M1405：2）

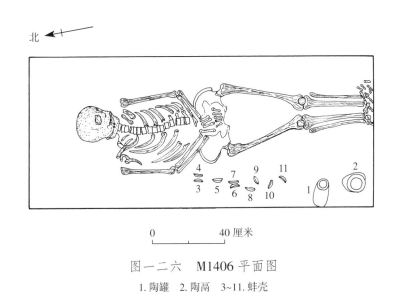

图一二六　M1406 平面图

1.陶罐　2.陶鬲　3~11.蚌壳

M1400 约 3 米。

（一）墓葬形制

M1406 为长方形竖穴土坑墓，墓壁垂直。墓室长 1.88、宽 0.8 米，墓口至墓底 2.9 米。墓向 10°（图一二六；图版一〇九，1）。

（二）葬具与葬式

无葬具。

葬式为仰身直肢葬，双手交叉放于腹部，头向北，面向东。人骨架长 1.63 米。经鉴定，墓主为女性，年龄 45~50 岁。

（三）随葬器物

共 11 件。2 件陶器位于墓室西南角，9 件蚌壳处于墓室西侧。

1. 陶器

罐　1 件。

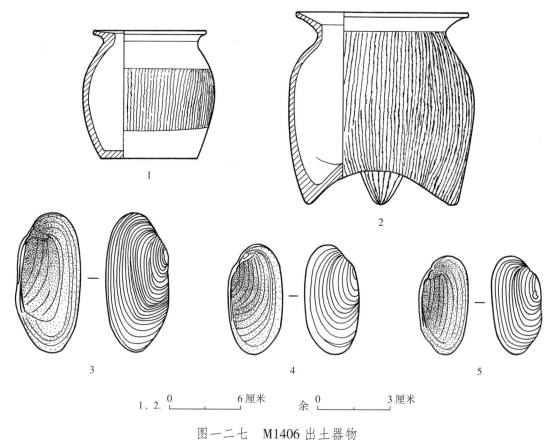

图一二七　M1406 出土器物

1.陶罐（M1406：1）　2.陶鬲（M1406：2）　3~5.蚌壳（M1406：8、6、11）

标本 M1406：1，夹砂灰陶。侈口，平折沿，弧腹，平底。腹部饰竖绳纹。通高10.2、口径9.4、底径8厘米（图一二七，1；图版一〇九，2）。

鬲　1件。

标本 M1406：2，夹砂灰陶。侈口，圆唇，联裆，锥足内空。沿下饰绳纹。通高15.2、口径14.1、腹深11.4厘米（图一二七，2；图版一〇九，3）。

2. 蚌壳

9件。大小不一，皆有穿孔（图版一〇九，4）。

标本 M1406：8，较大。长5.55、宽2.7厘米（图一二七，3）。

标本 M1406：6，长4.4、宽2.2厘米（图一二七，4）。

标本 M1406：11，较小。长3.9、宽2厘米（图一二七，5）。

一〇、M1407

M1407 北距 M1409 约 2.45 米，东距 M1408 约 0.2 米，西距 M1406 约 1.85 米。

（一）墓葬形制

M1407 为长方形竖穴土坑墓，墓壁垂直。墓室长 1.89、宽 0.85 米，墓口至墓底 1.9 米。墓向 7°（图一二八；图版一一〇，1）。

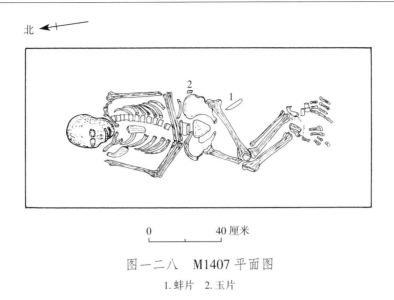

图一二八　M1407 平面图

1. 蚌片　2. 玉片

（二）葬具与葬式

无葬具。

葬式为仰身屈肢葬，双手交叉放于腹部，头向北，面向上。

（三）随葬器物

1 件玉片处于墓主左髋骨外侧，1 件蚌片出自墓主左股骨外侧。

蚌片　1 件。

标本 M1407：1，长条形，两端稍尖。长 10、宽 2 厘米（见图一二八）。

玉片　1 件。

标本 M1407：2，碧玉，玉质较粗。残，呈长条形。残长 3.5、宽 1.8、厚 0.25 厘米（图一二九）。

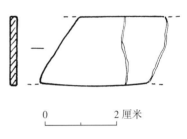

图一二九　M1407 出土玉片

（M1407：2）

一一、M1408

M1408 东距 M528 约 1.8 米，西距 M1407 约 0.2 米，西北距 M1409 约 1.75 米。

（一）墓葬形制

M1408 为长方形竖穴土坑墓，墓壁垂直。墓室长 1.94、宽 0.85 米，墓口至墓底 1.3 米。墓向 7°（图一三〇；图版一一〇，2）。

（二）葬具与葬式

无葬具。

葬式为仰身直肢葬，双手交叉放于腹部，头向北，面向上。人骨架长 1.68 米。经鉴定，墓主为女性（？），年龄 31~34 岁。

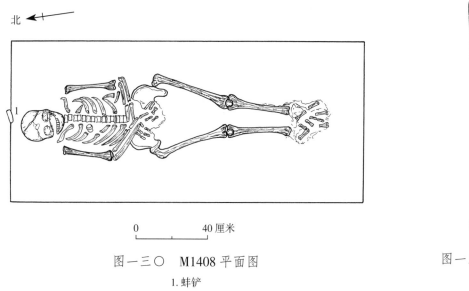

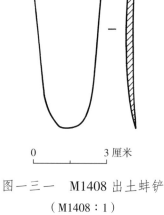

图一三〇　　M1408 平面图
1. 蚌铲

图一三一　　M1408 出土蚌铲
（M1408 : 1）

（三）随葬器物

1 件蚌铲置于墓主头顶。

标本 M1408 : 1，整体呈竖长三角形，顶端平齐、稍宽，两侧渐收，弧刃稍窄。长 8、宽 3 厘米（图一三一；图版一一〇，3）。

一二、M1409

M1409 东北距 M1410 约 1.5 米，东南距 M1408 约 1.75 米，南距 M1407 约 2.45 米，西南距 M1406 约 3.15 米，西距 M1400 约 2.3 米，西北距 M1401 约 3.8 米。

（一）墓葬形制

M1409 为长方形竖穴土坑墓，口小底大。墓口长 2.38、宽 1.04 米，墓底长 2.7、宽 1.5 米，墓口至墓底 5.1 米。墓向 13°（图一三二；图版一一一，1）。

（二）葬具与葬式

葬具为一椁一棺。椁长 2.04、宽 0.92、残高 0.43 米。棺长 1.74、宽 0.64、残高 0.08 米。葬式为仰身屈肢葬，双手交叉放于腹部，头向北，面向上。

（三）随葬器物

13 件蚌壳沿墓主头、胸右侧一字排开，疑为项饰。分大、小两种，大者 6 件，小者 7 件，皆打磨穿孔（图版一一一，2）。

标本 M1409 : 1，较大。长 7、宽 3.2 厘米（图一三三，1）。

标本 M1409 : 7，较小。长 5.5、宽 2.6 厘米（图一三三，2）。

一三、M1410

M1410 北距 M593 约 1.5 米，东北距 M1403 约 1.8 米，东距 M1402 约 0.65 米，西南距 M1409 约 1.5 米，西距 M1401 约 3.2 米。

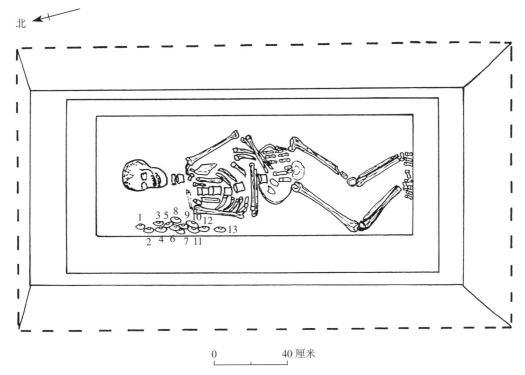

图一三二　M1409 平面图

1~13. 蚌壳

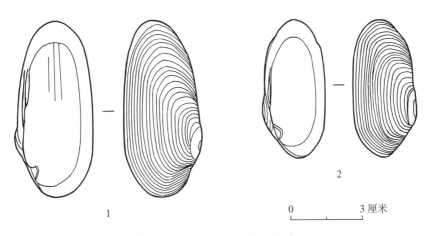

图一三三　M1409 出土蚌壳

1、2. M1409：1、7

（一）墓葬形制

M1410 为长方形竖穴土坑墓，口小底大。墓口长 2.28、宽 1.1 米，墓底长 2.7、宽 1.5 米，墓口至墓底 3.8 米。墓向 20°（图一三四；图版一一二，1）。

（二）葬具与葬式

葬具为单棺，棺长 2.3、宽 0.96、残高 0.07 米。

葬式为仰身直肢葬，双手交叉于腹部右侧，头向北，面向上。人骨架长 1.92 米。

北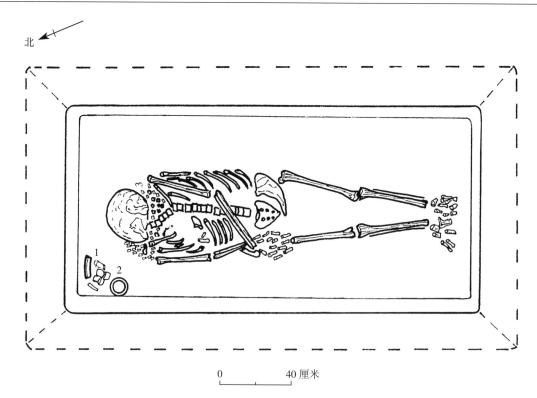

0   40 厘米

图一三四　M1410 平面图
1.陶鬲　2.陶罐　3.石管项饰

（三）随葬器物

墓主头顶放置陶鬲、罐各 1 件，残碎严重，已复原。颈部有石管项饰。

1. 陶器

罐　1 件。

标本 M1410：2，泥质灰陶。小侈口，圆唇，溜折肩，斜腹，大平底。素面。通高 9.5、口径 6.1、底径 7.9 厘米（图一三五，1；图版一一二，2）。

鬲　1 件。

标本 M1410：1，夹砂灰陶。侈口，圆唇，联裆较低，锥足内空。沿下饰绳纹。通高 13.6、口径 13.5、腹深 10.6 厘米（图一三五，2；图版一一二，3）。

2. 石管项饰

1 组，共 74 件。

标本 M1410：3，出土于墓主颈部。颜色皆为白色。可复原为墓主项饰，周长约 65 厘米。管粗细相当，长短不一。长 0.2~1、直径 0.4~0.5 厘米（图一三五，3；图版一一二，4）。

一四、M1412

M1412 东距 M1401 约 2 米，南距 M1415 约 1.1 米，西距 M1413 约 0.9 米。

（一）墓葬形制

M1412 为长方形竖穴土坑墓，墓壁垂直。墓室长 2.16、宽 0.98 米，墓口至墓底 2.53 米。

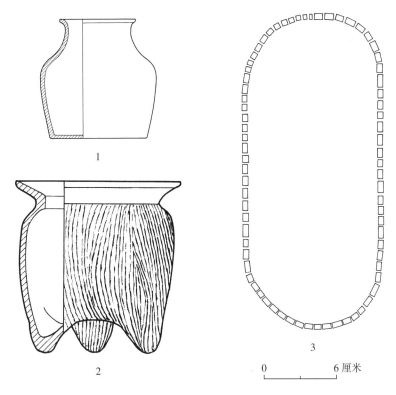

图一三五　M1410 出土器物

1. 陶罐（M1410：2）　2. 陶鬲（M1410：1）　3. 石管项饰（M1410：3）

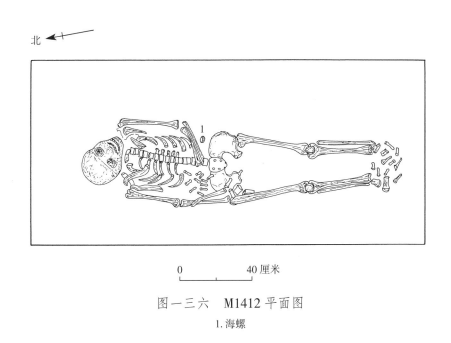

图一三六　M1412 平面图

1. 海螺

墓向 9°（图一三六；图版一一三，1）。

（二）葬具与葬式

无葬具。

葬式为仰身直肢葬，双手交叉于胸前，头向西北，面向上。人骨架长 1.75 米。经鉴定，

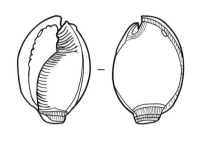

图一三七　M1412 出土海螺
（M1412：1）

墓主为男性，年龄 29~30 岁。

（三）随葬器物

仅在墓主腰部左侧发现 1 件海螺。

标本 M1412：1，自然状态，未经修整，仅在一端钻有穿孔。长 4.3、宽 3 厘米（图一三七；图版一一三，3）。

一五、M1413

M1413 东距 M1412 约 0.9 米，东南距 M1415 约 1 米，西南距 M560 约 3.7 米，西距 M1414 约 1.65 米。

（一）墓葬形制

M1413 为长方形竖穴土坑墓，两侧墓壁外弧。墓室长 2.2、最宽处 1 米，墓口至墓底 1.05 米。墓向 13°（图一三八；图版一一三，2）。

（二）葬具与葬式

无葬具。

葬式为仰身直肢葬，双手交叉于腹部，头向北，面向上。人骨架长 1.53 米。经鉴定，墓主为女性，年龄 25~30 岁。

（三）随葬器物

仅有 1 对石玦，分别出自墓主右耳部和左手腕处。2 件石玦石质、形制、大小、薄厚相同。青灰色，局部有少量钙化物。形制规整。直径 3.2、孔径 1.2、厚 0.25 厘米。

标本 M1413：1，出土于墓主右耳部。器形完好（图一三九，1；图版一一三，4）。

标本 M1413：2，出土于墓主左手腕处。玦口处残，残断一端对穿两孔（图一三九，2；图版一一三，5）。

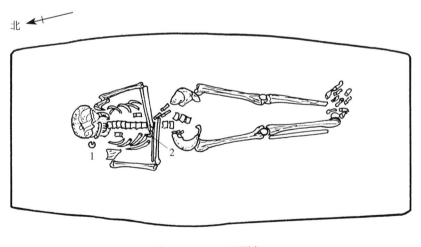

图一三八　M1413 平面图
1、2.石玦

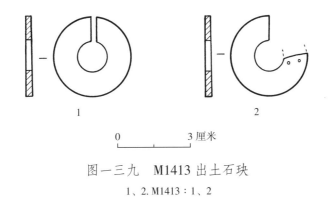

图一三九　M1413 出土石玦

1、2. M1413：1、2

一六、M1414

M1414 东距 M1413 约 1.65 米，南距 M560 约 4 米。

（一）墓葬形制

M1414 为长方形竖穴土坑墓，墓壁垂直。墓室长 2.38、宽 1.2 米，墓口至墓底 4.85 米。墓向 22°（图一四〇；图版一一四，1）。

（二）葬具与葬式

无葬具。

葬式为仰身直肢葬，双手交叉于腹部，头向北偏东，面向上。人骨架长 1.72 米。经鉴定，墓主为女性，年龄 45~50 岁。

（三）随葬器物

墓主头顶发现 4 件铜铃，右胸部发现 1 件玉柄形器残件，腹部发现 1 件骨贝。

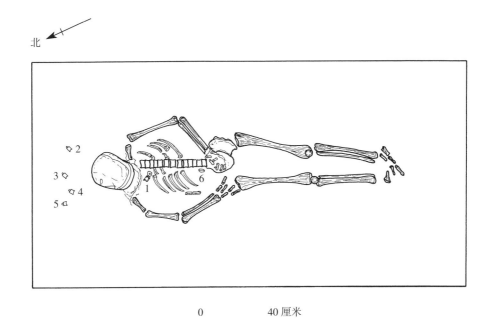

图一四〇　M1414 平面图

1. 玉柄形器　2~5. 铜铃　6. 骨贝

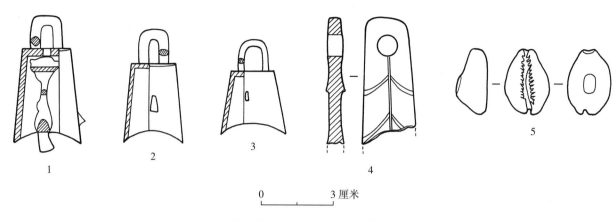

图一四一　M1414 出土器物

1~3. 铜铃（M1414：2、3、5）　4. 玉柄形器（M1414：1）　5. 骨贝（M1414：6）

铜铃　4 件。

形制相同。皆为平顶，环形纽，铃腔内有槌状铃舌；纽下顶面有一穿孔，用以绑缚铃舌。铃体上细下粗，下口边缘向上弧起，器身断面为椭圆形。大小略有差异（图版一一四，2）。

标本 M1414：2，稍大。通高 5.1、上宽 2.1、下口宽 2.8 厘米（图一四一，1）。

标本 M1414：3，略大。通高 4.6、上宽 1.9、下口宽 2.5 厘米（图一四一，2）。

标本 M1414：5，稍小。通高 3.8、上宽 1.8、下口宽 2.7 厘米（图一四一，3）。

玉柄形器　1 件。

标本 M1414：1，残断，为柄形器上端。青白玉，局部白化，微透明。竹节状，上端有穿孔。残长 5、宽 2.2、厚 0.8 厘米（图一四一，4；图版一一四，3）。

骨贝　1 件。

标本 M1414：6，中间有穿孔。长 2.6、宽 1.8、厚 1.3 厘米（图一四一，5）。

一七、M1415

M1415 北距 M1412 约 1.1 米，东距 M1401 约 2.1 米，东南距 M1400 约 0.6 米，南距 M1416 约 2.75 米，西北距 M1413 约 1 米。

（一）墓葬形制

M1415 为长方形竖穴土坑墓，墓壁垂直。墓室长 2.33、宽 1.05 米，墓口至墓底 3.87 米。墓向 6°（图一四二；图版一一五，1）。

（二）葬具与葬式

无葬具。

葬式为仰身屈肢葬，双手交叉于腹部，头向北，面向上。

（三）随葬器物

无随葬品。

北 ←

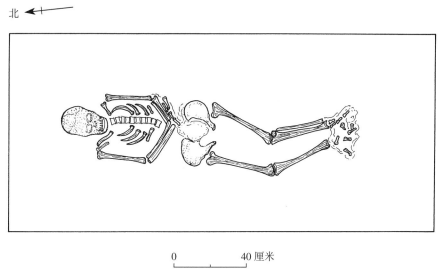

0   40 厘米

图一四二 M1415 平面图

一八、M1416

M1416 北距 M1415 约 2.75 米，东北距 M1400 约 1.3 米，东南距 M1405 约 1.25 米，西南距 M1404 约 1.1 米，西距 M560 约 2.35 米。

（一）墓葬形制

M1416 为长方形竖穴土坑墓，墓壁垂直。墓室长 2、宽 0.9 米，墓口至墓底 2 米。墓向 4°（图一四三；图版一一五，2）。

（二）葬具与葬式

葬具为单棺，棺长 1.89、宽 0.6 米。

葬式为仰身直肢葬，双手交叉于腹部，头向北略偏东，面向上。人骨架长 1.6 米。经鉴定，

北 ←

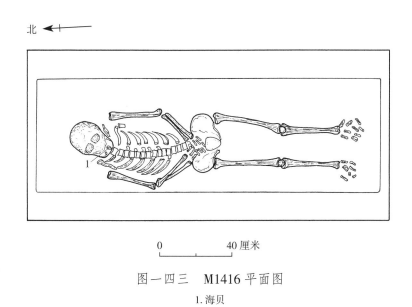

0   40 厘米

图一四三 M1416 平面图

1. 海贝

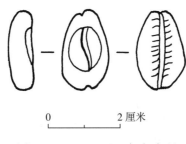

0　　　　　　2 厘米

图一四四　M1416 出土海贝

（M1416：1）

墓主为男性，年龄 45~50 岁。

（三）随葬器物

仅发现 1 件海贝。

标本 M1416：1，长 2.1、宽 1.3、厚 0.7 厘米（图一四四）。

第二节　Ⅱ 区小型墓葬

Ⅱ 区共清理小型墓 7 座，编号 M291~M293、M295、M297~M299，其中 M295 为汉代合葬墓（见图四；见图版二，2）。6 座周代小型墓均发现有随葬品，数量多寡不一。随葬品主要为陶、石、骨、蚌器等，偶尔发现小铜铃及质地较差的玉器等（附表八）。Ⅰ、Ⅱ 区墓葬墓主身份基本相当。

一、M291

M291 东距 M298 约 1.5 米。与 M298、M293 成排分布于该发掘区最北部，唯 M291 为东西向。

（一）墓葬形制

M291 为长方形竖穴土坑墓，墓室长 2.3、宽 1.1 米，墓口至墓底 3.8 米。墓向 285°（图一四五）。

（二）葬具与葬式

葬具为单棺，腐朽严重，长 2.1、宽 0.7、残高 0.5 米。

葬式为仰身屈肢葬，头向西，面向南。人骨架长 1.66 米。经鉴定，墓主为 35 岁左右的男性。

（三）随葬器物

均为石器。石圭位于墓主头部左侧，小石璧在墓主左臂外侧，左、右耳附近发现 4 件石玦。

石圭　1 件。

标本 M291：1，出土时断为数节。长条形，一面有脊。上端为等腰三角形锋，稍残，下端平齐，两侧无刃。长 9.7、宽 1.8、厚 0.5 厘米（图一四六，1；图版一一六，1）。

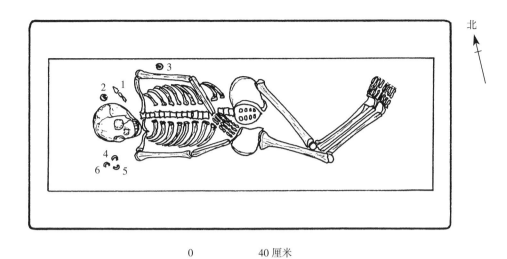

0　　　　　　40厘米

图一四五　M291平面图
1. 石圭　2、4~6. 石玦　3. 小石璧

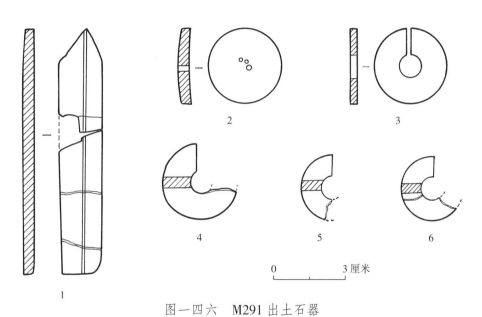

0　　　　　　3厘米

图一四六　M291出土石器
1. 圭（M291：1）　2. 小璧（M291：3）　3~6. 玦（M291：2、4~6）

小石璧　1件。

标本M291：3，制作粗糙，单面钻孔。素面。直径3、孔径0.15、厚0.3厘米（图一四六，2；图版一一六，2、3）。

石玦　2对4件。

均黄白色，素面。

标本M291：2，出土于墓主左耳附近。保存完好，制作规整。外径3、孔径0.9、厚0.3厘米（图一四六，3；图版一一六，4右）。

标本M291：4，出土于墓主右耳附近。残，与M291：2成对。直径3、孔径0.8、厚0.3厘米（图一四六，4；图版一一六，4左）。

标本 M291：5 与标本 M291：6，成对。出土于墓主右耳附近。均残。直径 2.6、孔径 0.9、厚 0.4 厘米（图一四六，5、6；图版一一六，5）。

二、M292

M292 北距 M298 约 2.2 米，西南距 M296 仅 0.4 米，东北距 M293 约 1.6 米，东南距 M299 约 1 米。

（一）墓葬形制

M292 为长方形竖穴土坑墓，墓室长 2.44、宽 1.24 米，墓口至墓底 4.5 米。墓向 30°（图一四七）。

（二）葬具与葬式

葬具为单棺，腐朽严重，长 1.8、宽 0.82、残高 0.55 米。

葬式为仰身屈肢葬，双手交叉置于腹部，头向北，面向西。人骨架长 1.53 米，保存完好。经鉴定，墓主为 35 岁左右的男性。

（三）随葬器物

铜铃位于墓主头右侧。石圭处于墓主右肘部，石玦位于头部右侧，石器在腹部。口中发现石口琀。

1. 铜器

铃　1 件。

标本 M292：2，平顶，环形纽，铃腔内有槌状铃舌；纽下顶面有一穿孔，用以绑缚铃舌。铃体上细下粗，下口边缘向上弧起，器身断面为椭圆形。器身两面各有两个纵向长条形镂孔。

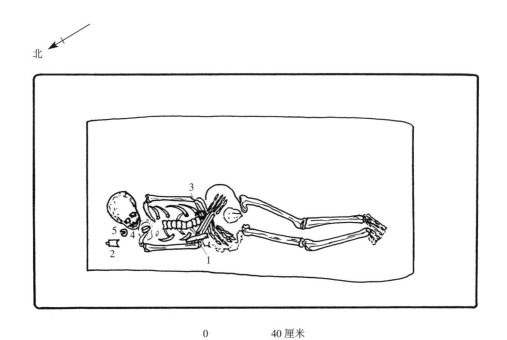

0　　　　40 厘米

图一四七　M292 平面图

1. 石圭　2. 铜铃　3. 石器　4. 石口琀　5. 石玦

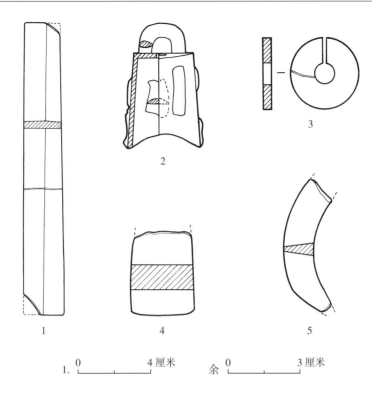

图一四八　M292 出土器物

1. 石圭（M292∶1）　　2. 铜铃（M292∶2）　　3. 石块（M292∶5）　　4. 石器（M292∶3）　　5. 石口琀（M292∶4）

通高 5、上宽 2.5、下口宽 3 厘米（图一四八，2；图版一一七，1）。

2. 石器

圭　1 件。

标本 M292∶1，稍残。长条形，一面有脊，一面平整。长 15.5、宽 2.15、厚 0.4 厘米（图一四八，1；图版一一七，2）。

块　1 件。

标本 M292∶5，出土时断为两节。制作规整。素面。外径 2.9、孔径 0.8、厚 0.35 厘米（图一四八，3；图版一一七，3、4）。

口琀　1 件。

标本 M292∶4，改制器。原为石环，利用残环改制成石觿，这从其外缘成刃、内缘较宽的器形特点即可分辨。石觿残断后又用作口琀。残长 5.3、宽 1.3、内缘厚 0.5 厘米（图一四八，5；图版一一七，5）。

残器　1 件。

标本 M292∶3，残。略呈方形。残长 3.4、宽 2.6、厚 1 厘米（图一四八，4；图版一一七，6）。

三、M293

M293 东距 M33 墓室 2.5 米，西距 M298 约 1.9 米，南距 M299 约 3.1 米，西南距 M292

约 1.6 米。

（一）墓葬形制

M293 为长方形竖穴土坑墓，东壁为斜壁，其余三壁为直壁。墓室口长 2.82、宽 1.26 米，墓口至墓底 5.1 米。墓向 15°（图一四九）。

（二）葬具与葬式

葬具为单棺，长 2.4、宽 1.04、高 0.9 米，顶板残存厚 0.03 米。

葬式为仰身直肢葬，头向北，面向上。人骨架长 2.1 米，保存较好。墓主为男性。

（三）随葬器物

仅在墓主口中发现玉口琀 8 件。

标本 M293：1，皆碎玉。碧玉，玉质较差。素面。大小相若，最大者长 1.4、宽 1.1 厘米，最小者长 1、宽 0.8 厘米（图一五〇）。

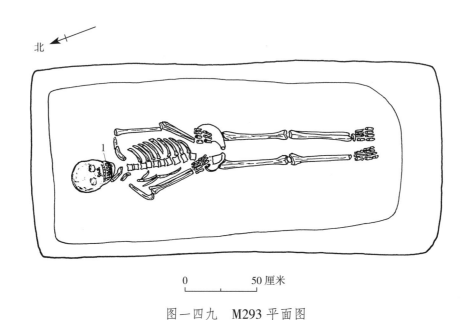

图一四九　M293 平面图

1. 玉口琀

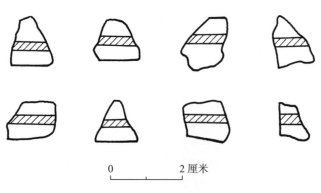

图一五〇　M293 出土玉口琀

（M293：1）

四、M297

M297 位于墓地的东部，东北角约 1.7 米为 M294，东南距 M300 约 5.1 米。

（一）墓葬形制

M297 为长方形竖穴土坑墓，墓室呈口小底大状。墓口长 2.6、宽 1.34 米，墓底长 3、宽 1.6 米，墓口至墓底 4.5 米。墓向 0°（图一五一；图版一一八，1）。

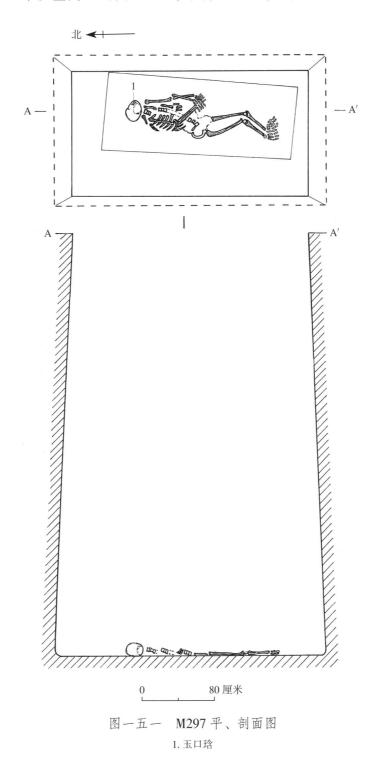

图一五一　M297 平、剖面图

1. 玉口琀

（二）葬具与葬式

葬具为单棺，长 2.1、宽 0.8 米。棺木腐朽严重，其具体构成和厚度不详。

葬式为侧身微屈肢葬，头向西北，面向东。人骨架长 1.7 米，保存较好。

（三）随葬器物

墓主口内发现玉口琀 1 件。

标本 M297：1，原为玉环残器。碧玉，白化严重，玉质较差。残长 5.4、宽 1.9、内缘厚 0.6 厘米。原器外径 12、内径 8.1 厘米（图一五二；图版一一九，1）。

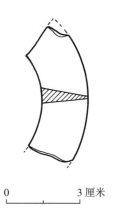

0　　　　　　3 厘米

图一五二　　M297 出土玉口琀
（M297：1）

五、M298

M298 东距 M293 约 1.9 米，西距 M291 约 1.5 米，南邻 M292 约 2.2 米。

（一）墓葬形制

M298 为长方形竖穴土坑墓，除东壁为直壁外，其余三壁为斜壁。墓室口小底大，墓口长 2.2、宽 1.1 米，墓底长 2.3、宽 1.16 米，墓口至墓底 3.3 米。墓向 10°（图一五三；图版一一八，2）。

（二）葬具与葬式

葬具为单棺，长 1.96、宽 0.66、残高 0.26 米。

葬式为仰身直肢葬，头向北，面向上。人骨架长 1.7 米。

北

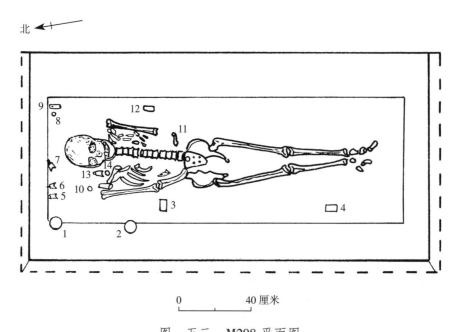

0　　　　　40 厘米

图一五三　　M298 平面图

1、2. 铜泡　3、4. 骨管　5~7、13. 铜铃　8、10、11、14. 铜环　9. 石坠　12. 石片

（三）随葬器物

4 件铜铃位于墓主头顶上方及右侧，4 件铜环分别处于头部及腹部；棺盖板上发现 2 件铜泡。石坠和石片则发现于棺内东北角和墓主左侧。2 件骨管位于墓主右侧。

1. 铜器

有铃、泡、环三种。

铃 4 件。

形制基本相同，大小略有差异。皆为平顶，环形纽，铃腔内有槌状铃舌；纽下顶面有一穿孔，用以绑缚铃舌。铃体上细下粗，下口边缘向上弧起，器身断面为椭圆形（图版一一九，3）。

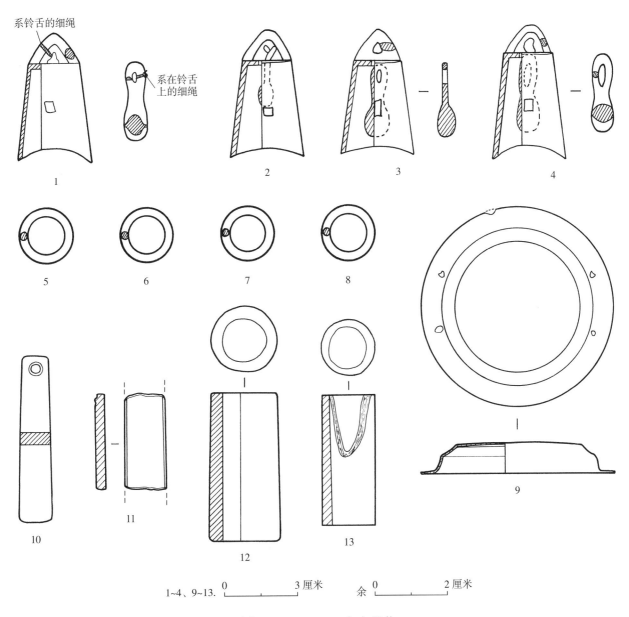

图一五四 M298 出土器物

1~4. 铜铃（M298：7、5、6、13） 5~8. 铜环（M298：14、8、10、11） 9. 铜泡（M298：1） 10. 石坠（M298：9） 11. 石片（M298：12） 12、13. 骨管（M298：3、4）

标本 M298：7，铃舌保存绑绳痕迹。通高 5.2、上宽 2.2、下口宽 3.1 厘米（图一五四，1）。

标本 M298：5，通高 5.1、上宽 2、下口宽 3 厘米（图一五四，2）。

标本 M298：6，通高 5、上宽 2、下口宽 3 厘米（图一五四，3）。

标本 M298：13，通高 5.4、上宽 2.1、下口宽 3.1 厘米（图一五四，4）。

泡　2 件。

出土于棺盖板上，当为棺饰。形制、大小相同，其中 1 件残。

标本 M298：1，圆形，正面呈台阶状隆起，背面相应内凹，两侧各有对称小孔。通高 1.2、直径 8 厘米（图一五四，9；图版一一九，4）。

环　4 件。

圆环，断面呈圆形。形制、大小、粗细相同（图版一一九，2）。

标本 M298：14，外径 1.5、断面直径 0.2 厘米（图一五四，5）。

标本 M298：8，外径 1.5、断面直径 0.2 厘米（图一五四，6）。

标本 M298：10，外径 1.5、断面直径 0.2 厘米（图一五四，7）。

标本 M298：11，外径 1.5、断面直径 0.2 厘米（图一五四，8）。

2. 石器

坠　1 件。

标本 M298：9，长条形，上端稍薄、稍窄，并有一对钻孔；下端稍宽、稍厚。通高 6.6、上端宽 1.05、下端宽 1.4、孔径 0.6、厚 0.5 厘米（图一五四，10；图版一一九，5）。

石片　1 件。

标本 M298：12，残，呈长条形。残长 3.8、宽 1.7、厚 0.4 厘米（图一五四，11）。

3. 骨器

仅管一种，2 件。

标本 M298：3，利用动物股骨切割而成，表面稍加打磨。长 5.9、直径 2.9 厘米（图一五四，12；图版一一九，6）。

标本 M298：4，一端稍残，较小。长 5.2、直径 2.2 厘米（图一五四，13）。

六、M299

M299 东北距 M33 约 4.1 米，西距 M296 约 3.3 米，西北距 M292 约 1 米。

（一）墓葬形制

M299 为长方形竖穴土坑墓，长 2.7、宽 1.5 米，墓口至墓底 3.2 米。墓向 10°。在东、南两侧设置二层台，东侧二层台宽 0.09 米，南侧二层台宽 0.15 米。

（二）葬具与葬式

葬具为单棺，长 2.1、宽 1、残高 0.55 米，侧板厚 0.1 米。

葬式为仰身直肢葬，头向北，面向西。人骨架长 1.55 米。经鉴定，墓主为年龄 35~39 岁的女性（图一五五；图版一二〇，1）。

北

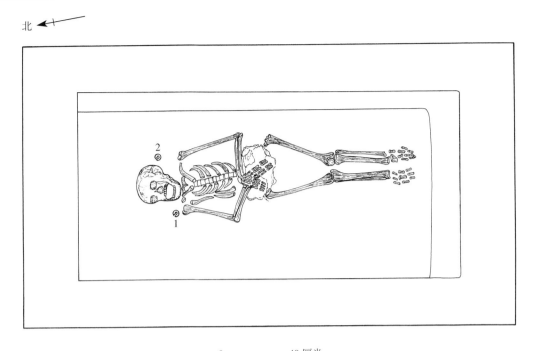

0　　　　　　40厘米

图一五五　M299平面图

1、2.石玦

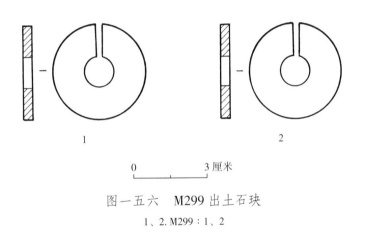

0　　　　　　3厘米

图一五六　M299出土石玦

1、2. M299：1、2

（三）随葬器物

仅发现石玦2件。

标本M299：1与标本M299：2，分别出土于墓主左、右耳部。成对，两者质地、形制、大小、薄厚相同。腐蚀严重，呈黄白色，玉质不清。素面。外径3.8、孔径1.2、厚0.4厘米（图一五六，1、2；图版一二〇，2、3）。

第六章　结　语

　　梁带村墓地共进行过三次大规模发掘，2005~2006 年度在整个墓地南部进行了第一次发掘，主要清理 M19、M26 和 M27 三座大墓，墓葬年代为春秋早期[1]；2007 年度在墓地中北部及南部进行了第二次发掘，其中墓地中北部大墓 M502 年代为西周晚期，墓地南部大墓 M28 年代为春秋早期[2]。借此，初步推断梁带村墓地墓葬由北向南时代渐晚。为了探寻墓地的起始年代，2009 年度工作区域选定在墓地北部，主要发掘了 M560 和 M33 两座大墓，基本搞清了整个墓地墓葬埋葬的先后顺序。

　　本报告刊布的即是 2009 年度发掘工作的所有资料。现结合出土的铜器、玉器和少量陶器对大中小墓的年代、墓主身份做一基本推断，并对其与刘家洼墓地的关系进行初步探讨。

第一节　墓葬年代

一、M560 的年代

　　M560 为"甲"字形大墓，出土 10 件青铜礼器，计有鼎 2、鬲 1、甗 1、簋 2、盘 1、盉 1、尊 1、爵 1，但仅鬲、甗为实用器，其余 8 件均为明器。通过对铜礼器的形态分析，可以看出，M560：36 鼎为立耳、深鼓腹、三蹄足，属西周晚期常见形式，与晋侯墓地 M31：3 的鼎[3]和本墓地 M502 的毕伯鼎[4]形态相似；M560：41 鬲与周原齐家村铜器窖藏出土官鬲[5]和陕西延长县安沟乡岔口村出土的芮伯鬲[6]形制接近，均为平沿、束颈、弧腹、较高三蹄足，它们应当都属西周晚期。

　　出土玉器有璧、鱼形佩、蚕形佩、铲、龙形觿、柄形器、端饰、方管和玉握、口琀玉十种 55 件，其制作年代大多早于铜器年代，唯有 3 件龙形觿及 M560：79 柄形器属于西周晚期，

[1] 陕西省考古研究院、渭南市文物保护考古研究所、韩城市文物旅游局编著：《梁带村芮国墓地：2005、2006 年度发掘报告》，文物出版社，2019 年。
[2] 陕西省考古研究院、渭南市文物保护考古研究所、韩城市景区管理委员会编著：《梁带村芮国墓地：二〇〇七年度发掘报告》，文物出版社，2010 年。
[3] 山西省考古研究所、北京大学考古学系：《天马—曲村遗址北赵晋侯墓地第三次发掘》，《文物》1994 年第 8 期。
[4] 陕西省考古研究院、渭南市文物保护考古研究所、韩城市景区管理委员会编著：《梁带村芮国墓地：二〇〇七年度发掘报告》，文物出版社，2010 年，第 17 页。
[5] 曹玮主编：《周原出土青铜器》第一卷，巴蜀书社，2005 年，第 8 页。
[6] 陕西省考古研究院编著：《陕北出土青铜器》第二卷，巴蜀书社，2009 年，第 63 页。

如 M560：80 龙形觿与虢国墓地 M2001：648 盘龙形觿[1]风格相近。另外，梁带村墓地第一次发掘的 M27 出土有体节较细的直体玉蚕[2]，是春秋早期的常见玉器，在 M560 中并未发现，这说明，M560 的年代下限当在西周晚期。

二、M33 的年代

M33 亦为"甲"字形大墓，其规模大于 M560，且与 M560 东西并排埋葬。但该墓未出土陶器和铜礼器，仅见少量铜翣、饰棺串饰的铜铃和铜鱼，以及 14 件玉器。因此，该墓年代仅能利用玉器做些基本推测。出土的玉琮属于新石器时代，玉握属于商代，仅有 3 件玉器制作年代最晚，代表墓葬下葬年代。一是填土中出土的一对玉玦年代明确，一面雕琢的纹饰为西周晚期习见的简化双龙纹，以缺口为界，两首相对，龙尾相交；二是 M33：19 玉鱼是由口琀玉拼对而成，与虢国墓地 M2001：549 玉鱼[3]形态相近。因而 M33 的年代初步推断为西周晚期。

三、M300 的年代

M300 为竖穴土坑墓，墓口长 5.1、宽 3.8 米，比梁带村墓地其他中型墓稍大。该墓出土遗物丰富，制作精美。青铜礼器 5 件，计有鼎 1、簋 2、匜 1、盘 1，除鼎外其余各器均带有铭文，这为我们判断墓葬年代提供了重要依据。其中 M300：33 鼎与晋侯墓地 M8 出土晋侯稣鼎[4]形制相似，2 件簋与虢国墓地出土簋 M2012：7、46[5]形制近同，盘、匜与虢国墓地出土盘 M2001：99[6]、匜 M2013：18[7]基本相同。据此，M300 的年代也属于西周晚期。

四、小型墓的年代

24 座小墓出土遗物极其贫乏，仅有 4 座墓葬出土陶容器，M1403 出土 1 件陶罐，M1405、M1406、M1410 均出土鬲 1、罐 1，部分墓葬仅出土小铜铃、石器、蚌器等，能说明年代的仅有上述 7 件陶器。诸如 M1405：1 罐和张家坡西周墓地宣幽时期墓葬所出罐 M304：02[8]近同，M1405：2 鬲与梁带村墓地第二次发掘所出 M502：159 鬲[9]相似。虽然仅有数座墓葬出土可断定年代的器物，但这 24 座小墓成排分布，紧邻 M560 以东分布有 4 排 18 座，紧邻 M33 以西分布有 6 座小墓，未见打破关系，墓位应提前规划，各个墓葬下葬的时间跨度应当很短暂。综上所述，小墓的年代应与大墓年代相当，为西周晚期。

[1] 河南省文物考古研究所、三门峡市文物工作站编著：《三门峡虢国墓（第一卷）》，文物出版社，1999 年，第 185~186 页。
[2] 陕西省考古研究院、渭南市文物保护考古研究所、韩城市文物旅游局编著：《梁带村芮国墓地：2005、2006 年度发掘报告》，文物出版社，2019 年，第 323 页。
[3] 河南省文物考古研究所、三门峡市文物工作站编著：《三门峡虢国墓（第一卷）》，文物出版社，1999 年，第 164 页。
[4] 北京大学考古学系、山西省考古研究所：《天马—曲村遗址北赵晋侯墓地第二次发掘》，《文物》1994 年第 1 期。
[5] 河南省文物考古研究所、三门峡市文物工作站编著：《三门峡虢国墓（第一卷）》，文物出版社，1999 年，第 250 页。
[6] 河南省文物考古研究所、三门峡市文物工作站编著：《三门峡虢国墓（第一卷）》，文物出版社，1999 年，第 66 页。
[7] 河南省文物考古研究所、三门峡市文物工作站：《三门峡虢国墓地 M2013 的发掘清理》，《文物》2000 年第 12 期。
[8] 中国社会科学院考古研究所编著：《张家坡西周墓地》，中国大百科全书出版社，1999 年，第 357 页。
[9] 陕西省考古研究院、渭南市文物保护考古研究所、韩城市景区管理委员会编著：《梁带村芮国墓地：二〇〇七年度发掘报告》，文物出版社，2010 年，第 43 页。

第二节　墓主身份推断

一、M560 墓主身份

推断大型墓 M560 墓主身份的依据主要有两点：一是墓葬形制与规模，二是随葬器物的规格与多寡。

就墓葬形制与规模而言，M560 与梁带村芮国墓地第一次、第二次发掘的 M19、M26 和 M28 相当，均为带有一条墓道的"甲"字形大墓，而 M27 为带有两条墓道的"中"字形大墓。它们墓向相同，均为正北偏东；葬具为一椁两棺，都有较豪华的棺罩。由此看来，上述墓主身份相当，应为一代芮国国君或夫人。M560 墓主骨骼经专家现场鉴定为男性，年龄 45 岁左右，故有可能为一代芮国国君。

然而，从随葬器物上看，M560 与前后相继的两代芮公墓（M27、M28）似有天壤之别。M27 出有青铜礼器七鼎六簋、成套编钟编磬，组玉佩和玉串饰也非常丰富，更有冠饰、腰带饰、佩韘组合及佩饰等 48 件金器，极为奢华。据铜器铭文可判定，M27 墓主为芮桓公。M28 出有青铜礼器五鼎四簋、成套编钟编磬，墓主或亦为一代芮公。而 M560 所发现的 10 件青铜器，仅有鬲、甗 2 件实用器，玉器数量也极少，这与芮公的尊贵身份似乎又不相符。同属墓地北部的 M502 墓葬规模以及随葬青铜礼器的状况与其相似，发掘者认为 M502 墓主应属芮国国君或身份略低的贵族[1]。因此，M560 墓主身份或为一代芮公，或为稍低等级的贵族，身份的确定有待梁带村墓地的进一步发掘与研究。

二、M33 墓主身份

M33 出土物更为匮乏，竟未发现能确定墓主身份的青铜礼器和组玉佩。因此，只能依据墓葬形制推定。M33 与 M560 同为"甲"字形大墓，并排埋葬，两者相距仅 8 米，参照两墓墓主骨骼的现场鉴定结果，其墓主被确定为女性，年龄 25~30 岁，故 M560 和 M33 墓主或为一代芮国国君及其夫人，或为稍低等级的贵族夫妇。

三、M300 墓主身份

M300 随葬青铜礼器一鼎二簋一盘一匜，除铜鼎外，其余四件皆有铭文，这为我们断定墓主身份提供了确凿证据。

簋铭所见的"师氏姞"即盘、匜铭文中的"晋姞"，"师氏姞"是以其所嫁的婆家职事来命名，"晋姞"是以她所自来的娘家国属来命名。晋侯作师氏姞簋是晋侯为嫁往师氏的姞姓女子所作媵器。晋侯是姬姓，这位嫁给师氏的姞姓女子不属于晋侯公室。晋侯之所以给姞姓女子作媵器，应是因为晋侯娶姞姓女子为夫人。在传统中，姬姓周人与姞姓人经常通婚，《左

---

[1] 陕西省考古研究院、渭南市文物保护考古研究所、韩城市景区管理委员会编著：《梁带村芮国墓地：二〇〇七年度发掘报告》，文物出版社，2010 年，第 218 页。

传》宣公三年"吾闻姬、姞耦,其子孙必蕃"。晋侯墓地 M64、M62、M63 是西周晚期晋穆侯及其两位夫人的墓,其中 M63 出土了一对杨姞壶(M63:81、82)[1],可证晋穆侯曾娶杨(今山西洪洞)地姞姓女子为次夫人。师氏姞或晋姞很有可能是某位姞姓晋侯夫人的宗亲。同墓出土的盘、匜铭文又称她为"晋姞",是此姞姓宗族定居晋地(定居地点或即是杨地,杨地在不晚于春秋早中期晋献公时已经并入晋国)。

经专家现场鉴定,M300 墓主为女性,即师氏姞或晋姞本人。此姞姓女子所适的"师氏",可能是芮国的师氏,也有可能是周王朝的师氏,社会等级与职级都不会很低。

蓼,诸侯国名,文献所见大约分为两支。(1)《左传》桓公十一年"楚屈瑕将盟贰轸,郧人军于蒲骚,将与随、绞、州、蓼伐楚师",《左传》哀公十七年"观丁父,郚俘也,武王以为军率,是以克州、蓼,服随、唐,大启群蛮",这个被楚武王征服的蓼,大约位于今河南唐河县南。《淮南子·泛论》"阳侯杀蓼侯而窃其夫人",这个蓼与阳(唐)国接近,也应是在唐河县的蓼。(2)《史记·楚世家》记载"楚穆王四年灭六、蓼。六、蓼,皋陶之后。"楚穆王灭蓼事又见于《左传》文公五年,此蓼大约在今河南固始县东北。M300 所出蓼伯簋盖与晋侯作师氏姞簋器基本密合,礼器有相当的一致性,可见蓼伯与姬姓有较密切的交往,这个蓼伯很可能是位于唐河县的蓼国国君。带有"蓼"或"蓼"字铭文的西周晚期铜器有 4 件,其中 3 件是传世铜器蓼生盨,均铸有"王征南淮夷……蓼生从……"铭[2];另 1 件嬰士父鬲,铸有"嬰(睽)士父作蓼(蓼)妃尊鬲……"铭[3],这几件铜器铭文所记"蓼生""蓼妃"显然不是蓼国国君。而蓼伯簋的出现,当是我们第一次见到西周晚期蓼国国君的铜器,说明蓼国的始封年代至迟可到西周晚期,这对于研究西周封国史具有重要意义。

大型墓 M502、M560、M33 和中型墓 M586、M300,是整个墓地的早期墓葬,它们年代相近,都属于西周晚期。但是,这 5 座墓的随葬品只有 M300 的最为丰富,既有五件制作精美的青铜礼器,包含符合西周礼制的一鼎二簋,又有玉质上乘的玉牌项饰、左臂臂饰、右臂臂饰,尤其是梯形牌组玉佩,是由玉器、玛瑙、料器、煤精、海贝、铜器等 711 件(颗)组成,材质之繁复,为国内两周时期组合佩饰中首次发现。究其原因,可能与墓主的特殊身份有关,据铭文记载,墓主为某位姞姓晋侯夫人的宗亲。晋侯墓地发掘的九组 19 座晋侯及其夫人墓,随葬器物皆十分丰富,足见当时晋国国力之强盛,因此,作为姞姓晋侯夫人的宗亲——晋姞,其随葬品大多应是媵器,从晋国陪嫁而来,大量出土当在情理之中。

四、小型墓墓主身份

此次发掘的 24 座小型墓,墓室长度均在 3 米以下,又可分为长度在 1.74~2.33 米墓室较小者共 15 座,以及长度在 2.38~2.87 米墓室较大者共 9 座。墓室较小的墓多数无葬具或仅有一棺,大部分未见随葬品或随葬品极少,但有两座墓葬稍显特殊,M1403 葬具为一椁一棺,

[1]山西省考古研究所、北京大学考古学系:《天马—曲村遗址北赵晋侯墓地第四次发掘》,《文物》1994 年第 8 期。

[2]罗振玉编:《三代吉金文存》二十卷,1937 年。

[3]山东省博物馆编:《山东金文集成》二卷,齐鲁书社,2007 年。

M298随葬有小铜铃、铜环、铜泡、石坠、石片及骨管。墓室较大的墓葬具多见一棺或一椁一棺，仅一座无葬具，均随葬或陶器或石器或蚌器或铜铃及质地较差的玉器，皆未见陶容器，出土物较丰富的墓葬 M528，见小陶磬 19、玉片 12、石圭 2、石口琀 141、小蚌片 1、口琀海贝 1 件；出土物最少的墓葬 M1408 仅见 1 件蚌铲。这些小型墓葬均成排埋葬于大型墓葬 M560 与 M33 周围，墓主或与国君或高级贵族存在某种亲缘关系，其身份当为平民阶层。

上述 24 座小型墓随葬品极少，绝大多数又未随葬陶器，这与国内发现的周代墓地小型墓多随葬陶器的情况截然不同，个中原因有待梁带村墓地的大规模发掘与研究。

第三节　梁带村大墓与刘家洼大墓讨论

梁带村芮国墓地发现后不久的 2016 年，在梁带村西南约 60 千米的澄城县刘家洼村发现了一处春秋时期的大型遗址，面积约 300 万平方米，墓地出土了芮公、芮定公、芮太子白等铭文铜器，根据遗址规模、墓葬形制、特征并结合文献判定，该遗址是春秋早中期芮国的一处都邑性遗址[1]。东 I 区考古发掘 2 座"中"字形大墓（M1 和 M2）和 1 座规模较大的中型墓（M3），其中 M1、M2 规模和梁带村 M27 相当。现对两处芮国遗址的大型墓葬墓主及时代概括如下。

梁带村芮国墓地共发掘 4 组 7 座大墓，自北向南排列有：M560 与 M33 一组，M502 一组，M27、M26、M19 一组，M28 一组。除芮桓公的 M27 为"中"字形大墓外，其余 6 座均为"甲"字形大墓。澄城县刘家洼芮国遗址共发掘 2 组 3 座大墓，其中 M3 与 M2 为夫妇墓，是一组；M1 也当为一组，尚未发现明确的夫人墓[2]。

依照上述两处芮国遗址大型墓葬的形制，可以分为两类。

第一类为"中"字形大墓，包括梁带村 M27 及刘家洼 M1、M2（均被盗掘），随葬品主要有成组青铜礼器、成套编钟编磬，其中梁带村 M27 及刘家洼 M2 均出土带有"芮公"铭文的铜器，据追缴铜器判定，M1 亦有"芮公"铜器，因此，梁带村 M27 组、刘家洼 M1 组及 M2 组皆为芮公及夫人墓。

第二类为"甲"字形大墓，包括梁带村 M560 组、M502 组、M28 组。从随葬品看，又可分为两种情况：第一种仅 M28 一组，随葬有青铜礼器五鼎四簋、成套编钟编磬，墓主或亦为一代芮公；第二种有 M560、M33 组和 M502 组，未见成套青铜礼器和乐器，墓主为一代芮公或稍低等级的贵族。

通过对梁带村 7 座大墓随葬品的类型学研究，结合大墓的分布位置，可知梁带村自北向南、由早及晚分布有 4 组大墓：M560 组最早，M502 组次之，它们属于西周晚期；M27 组稍晚，M28 组最晚，它们属于春秋早期。通过两处芮国遗址出土铜器的比较研究发现，刘家洼 M1 组、M2 组略晚于梁带村 M28 组，属于春秋早中期。梁带村遗址和刘家洼遗址应当是前后相继的两处芮国都邑遗址，春秋早期，芮国都邑由韩城梁带村迁到了澄城刘家洼，这与文献记载的

---

[1] 陕西省考古研究院、渭南市博物馆、澄城县文化和旅游局：《陕西澄城县刘家洼东周芮国遗址》，《考古》2019 年第 7 期。
[2] 陕西省考古研究院：《陕西澄城刘家洼遗址考古取得重要收获》，《中国文物报》2019 年 1 月 25 日第 8 版。

春秋早期芮国内乱有关[1]。

　　至此，两处遗址上下限从西周晚期至春秋中期偏早，延续时间 200 年左右。据《史记》载，芮国始于周文王时期，灭于秦穆公二十年（公元前 640 年），梁带村与刘家洼两处芮国遗址的发现，厘清了芮国后期的地望与物质文化面貌，为研究两周时期诸侯国的历史、文化提供了重要资料。

---

[1] 相关文献分析见孙庆伟：《有物见人：芮国玉器折射出的芮国史事》，《两周封国论衡》，上海古籍出版社，2014 年。

附表一　M560 出土器物登记表（共 1274 件）

分类		器名	器号	件数	器名	器号	件数
铜器（850 件）							
礼器（10）	实用器（2）	鬲	41	1	甗	44	1
	明器（8）	鼎	35、36	2	盉	39	1
		簋	37、38	2	尊	43	1
		盘	40	1	爵	42	1
兵器（85）		戈	62、76、77、88	4	四锋镞	97	1
		矛	60、87	2	双翼镞	16-1~13、17-1、17-2、18-1~5、19-1~16、20-1~13、94-1、94-2、95、99-1~20	72
		弓帽	50-1、50-2、51-1、51-2	2套4件			
		圆锥锋镞	98-1、98-2	2			
工具（8）		凿	52、54	2	刻刀	55~59	5
		削	11	1			
车器（16）		軎	68~70	3	素面辖	47-5	1
		兽首辖	47-1~4	4	銮铃	14-1~8	8
马器（220）		衔+龙首镳	10-1、53、66-1	3套9件	管（络饰组件）	10-4（26）、25-5（54）、66-5（27）、74-5（55）	162
		衔+无首镳	21、25-1、74-1	3套9件	有穿带扣	45、63、65、72	4
		"X"形节约	10-2（2）、25-2（2）、66-2（2）、74-2（2）	8	无穿带扣	46、67、71	3
		兽面纹"十"字形节约	25-3（2）、66-3（2）、74-3（2）	6	环	89-1~5	5
		蝉纹"十"字形节约	10-3（2）、25-4（2）、66-4（2）、74-4（2）	8	小腰	13-1、13-2	2
					策	73-1~3、96	4
棺饰（511）		翣	8-1~3	3	鱼	1~7（仅限铜鱼）	456
		板	9-1~4	4	钉	24-53~92	40
		小铃	22-1~8	8			
玉器（55 件）							
礼玉（3）		璧	28、82、填1	3			
佩玉（2）		鱼形佩	78	1	蚕形佩	26	1
用具（4）		铲	32	1	龙形觿	31、80、81	3
饰件（4）		柄形器	27、79	2	方管	34	1
		端饰	33	1			
殓玉（42）		口琀	83	40	握	29、30	2

续附表一

分类	器名	器号	件数	器名	器号	件数
石器（108件）						
圭		49	1	砺石	12-1~7、75	8
泡		64-1~12	12	贝	2、4~6（仅限石贝）	88
骨、角、蚌器（271件）						
骨、角器（77）	骨锥	15	1	骨管	91-1~5、填2	6
	骨器	23	1	骨镞	93-1~7	7
	骨小腰	92	1	卜骨	48-1~8	8
	骨钉	24-1~52	52	鹿角	61	1
蚌器（184）	蚌壳、蛤蜊壳	4~7（仅限蛤蜊壳）	134	蚌贝	4~6（仅限蚌贝）	21
	蚌环	90	1	蚌泡	64-13	1
	口琀海贝	84-1~8	8	脚踝饰海贝	85-1、85-2、86-1、86-2	4
	手握海贝	29-1~3、30-1~3	6	海贝	6（仅限海贝）	9
祭祀坑 M560K2（10）	石片	1~8	8	蚌片	9、10	2

附表二　M560 饰棺串饰统计表

器号	位置	铜鱼 a	石贝 b	蚌贝 c	蛤蜊 d	海贝 e	小计
M560：1	北一组	31					31
M560：2	西一组	113	7				120
M560：3	南一组	39					39
M560：4	东一组（内）	58	37	2	35		132
M560：5	东二组（外）	122	37	4	70		233
M560：6	北二组	51	7	15	5	9	87
M560：7	南二组	42			24		66
小计		456	88	21	134	9	708

注：蛤蜊：东一组压 3 个，东二组压 2 个。
　　铜鱼：西一组、东一组、东二组各压 2 个。

附表三　M33 出土器物登记表（共 274 件）

分类	器名	器号	件数	器名	器号	件数
铜器（77 件）						
棺饰	翣	2-1~4	4	鱼	21~26（仅限铜鱼）	49
	铃	3-1~15	15	板	5	9
玉及玛瑙器（14 件）						
礼玉（2）	琮	10	1	圭	4	1
佩玉（7）	玦	11~14、填 1、填 2	6	牌饰	16	1
殓玉	口琀鱼	19	1	口琀玛瑙珠	9	1
	口琀玉饰	15	1	握	17、18	2
石器（122 件）						
贝		20~27（仅限石贝）	122			
骨、蚌器（61 件）						
骨器（27）	骨贝	21~25、27（仅限骨贝）	22	骨泡	6-14~18	5
蚌器（34）	蚌圭	7	1	蚌饰	8-5、8-6（5）、8-7（5）、8-8（2）	13
	蚌泡	6-1~13	13			
	蚌壳	8-1~4	4	海贝	21、24（仅限海贝）	3

附表四　M33 饰棺串饰统计表

器号	位置	铜鱼 a	石贝 b	骨（海）贝 c	铜铃	小计
M33：20	北一组		5		1	6
M33：21	西一组（外）	3	15	4	2	24
M33：22	西二组（内）	16	35	4	2	57
M33：23	南一组	4	4	1	2	11
M33：24	东一组（内）	13	42	7	4	66
M33：25	东二组（外）	10	10	7	3	30
M33：26	北二组	3	7		1	11
M33：27	南二组		4	2		6
小计		49	122	25	15	211

附表五　M300 出土器物登记表（共 1488 件）

分类	器名	器号	件数	器名	器号	件数
铜器（115+ 铜管 12=127 件）						
礼器（5）	鼎	33	1	盘	34	1
	簋	31、32	2	匜	35	1
弄器（2）	小罐	26	1	盉	29	1
用具（2）	大铜盒	15	1	小铜盒	16	1
	玉尖状器	15-1	1	玉兽面	16-1	1
				残玉料	16-2	1
饰件（1）	泡	22	1			
棺饰（105）	翣	36~39	4	鱼	40~47（仅限铜鱼）	99
	小铃	20-1、20-2	2			
玉器及玛瑙器（903+ 铜盒内的玉器 3=906 件）						
组合佩饰（4 组，共 711 件颗）						
	梯形玉牌	14-1	1	玉兽面	11-1	1
	玉龟	14-376~383	8	玉贝	11-2、11-3	2
	玉管	14-367、14-507~520	15	玉蚕	11-4~7	4
	玉珠	14-384~462	79	玛瑙管	11-8~12	5
梯形牌组玉佩 14 组（528）	玛瑙管	14-351~366、14-368~375	24	玛瑙珠	11-13~26	14
	玛瑙珠	14-2~255	254	料管	11-27	1
	煤精龟	14-335~350	16	料珠	11-28~37	10
	料珠	14-256~334	79	铜管	11-38~41	4
	海贝	14-463~506	44	玉牌	10-1	1
	铜管	14-521~528	8	玉贝	10-2	1
	方形玉牌	8-1	1	玉蚕	10-3、10-4	2
玉牌项饰 8 组（100）	束绢形玉牌	8-2~7	6	玉龟	10-5、10-6	2
	玛瑙珠	8-8~100	93	玛瑙管	10-7~15	9
				玛瑙珠	10-16~32	17
				绿松石管	10-33~38	6
				料珠	10-39~42	4
单佩（3）	玦	6、7	2	小钺	2	1
饰件（5）	瑗	17	1	管	18	1
	柄形器	3	1	残片	4	1
	喇叭形饰	23	1			

（组合佩饰左侧竖排：左臂臂饰 11 组（41）；右臂臂饰 10 组（42））

续附表五

分类	器名	器号	件数	器名	器号	件数
殓玉（8）	口琀	9-1~8	8			
组合佩玉散件（188）	玛瑙珠	19-1~140	140	绿松石珠	19-144~187	44
	绿松石管	19-141~143	3	煤精龟	19-188	1
石器（17 件）						
圭		24、30	2	管	21（仅限石管）	14
蚕		28	1			
骨、蚌器（181 件）						
骨钉		27-1（29）、27-2（21）、27-3（30）、27-4（23）	103	饰棺海贝	21（仅限海贝）	38
				手握海贝	12-1~12、13-1~12	24
蚌片		5-1~15	15	海螺	25	1
其他（257 件）						
木贝		1	1	陶珠	40、41、43~47（仅限陶珠）	256

注：1. 铜器栏中的玉尖状器、兽面及残玉料数量计入玉器及玛瑙器中。

　　2. 玉器及玛瑙器栏中的铜管数量计入铜器中。

附表六　M300 饰棺串饰统计表

器号	位置	铜鱼	陶珠	石管	海贝	小计
M300：40	北一组	6	6			12
M300：41	北二组	7	15			22
M300：42	南一组	5				5
M300：43	南二组	11	24			35
M300：44	西一组	23	74			97
M300：45	西二组	21	66			87
M300：46	东一组	9	17			26
M300：47	东二组	17	54			71
M300：21				14	38	52
小计		99	256	14	38	407

注：陶珠，西二组压 4 个。

附表七　Ⅰ区小型墓葬登记表

墓号	方向	形制	墓室 长×宽-深/米	木椁 长×宽-高/米	木棺 长×宽-高/米	葬式	性别	年龄/岁	随葬品/件
M528	14°	竖穴	口2.87×1.51-4.3 底2.97×1.81	2.37×1.32-0.45（残）	1.84×（0.62南~0.68北）-？	仰身直肢			石圭2，石口琀141，小陶磬19，玉片12，小蚌片1，口琀海贝1
M593	15°	竖穴	口1.74×0.75-1.9 底1.84×0.85			仰身直肢			无
M1400	30°	竖穴	2.77×1.5-6	2.3×1.1-？	2.01×0.64-？	仰身直肢	男		小铜铃6，石贝2
M1401	30°	竖穴	2.48×（1.15~1.29）-4.85		2.14×0.74-0.55（残）	仰身直肢			蚌刀1，蚌片2，石口琀1件5块
M1402	27°	竖穴	1.86×（0.66~0.7）-1.05			仰身直肢			无
M1403	9°	竖穴	口1.97×0.93-4.05 底2.64×1.36	1.85×0.81-0.24（残）	1.65×（0.47南~0.55北）-？	仰身屈肢			陶罐1，口琀骨贝1
M1404	30°	竖穴	1.9×0.7-1.5			仰身直肢	男	50	无
M1405	30°	竖穴	口1.88×0.7-2.25 底1.68×0.7			仰身直肢	女	20~23	陶罐1，陶鬲1
M1406	10°	竖穴	1.88×0.8-2.9			仰身直肢	女	45~50	陶罐1，陶鬲1，蚌壳9
M1407	7°	竖穴	1.89×0.85-1.9			仰身屈肢			玉片1，蚌片1
M1408	7°	竖穴	1.94×0.85-1.3			仰身直肢	女（？）	31~34	蚌铲1
M1409	13°	竖穴	口2.38×1.04-5.1 底2.7×1.5	2.04×0.92-0.43（残）	1.74×0.64-0.08（残）	仰身直肢			蚌壳13
M1410	20°	竖穴	口2.28×1.1-3.8 底2.7×1.5		2.3×0.96-0.07（残）	仰身直肢			陶罐1，陶鬲1，石管项饰1组（74）
M1412	9°	竖穴	2.16×0.98-2.53			仰身直肢	男	29~30	海螺1
M1413	13°	竖穴	2.2×1-1.05			仰身直肢	女	25~30	石块2
M1414	22°	竖穴	2.38×1.2-4.85			仰身直肢	女	45~50	铜铃4，玉柄形器1，骨贝1
M1415	6°	竖穴	2.33×1.05-3.87			仰身屈肢			无
M1416	4°	竖穴	2×0.9-2		1.89×0.6-？	仰身直肢	男	45~50	口琀海贝1

附表八　Ⅱ区小型墓葬登记表

墓号	方向	形制	墓室 长 × 宽 − 深/米	木椁 长 × 宽 − 高/米	木棺 长 × 宽 − 高/米	葬式	性别	年龄/岁	随葬品/件
M291	285°	竖穴	2.3 × 1.1−3.8		2.1 × 0.7−0.5（残）	仰身屈肢	男	35 左右	石圭 1、小石璧 1、石玦 4
M292	30°	竖穴	2.44 × 1.24−4.5		1.8 × 0.82−0.55（残）	仰身屈肢	男	35 左右	铜铃 1、石圭 1、石残器 1、石口琀 1、石玦 1
M293	15°	竖穴	2.82 × 1.26−5.1		2.4 × 1.04−0.9	仰身直肢	男		口琀玉 8
M297	0°	竖穴	口 2.6 × 1.34−4.5 底 3 × 1.6		2.1 × 0.8−?	侧身微屈肢			口琀玉 1
M298	10°	竖穴	口 2.2 × 1.1−3.3 底 2.3 × 1.16		1.96 × 0.66−0.26（残）	仰身直肢			铜铃 4、铜环 4、铜泡 2、石坠 1、石片 1、骨管 2
M299	10°	竖穴	2.7 × 1.5−3.2		2.1 × 1−0.55（残）	仰身直肢	女	35~39	石玦 2

附表九　梁带村芮国墓地 2009 年出土人骨鉴定情况

（由西北大学文化遗产学院陈靓鉴定）

墓葬编号	墓主性别	年龄
M560	男性	45 岁左右
M33	女性	25~30 岁
M291	男性	35 岁左右
M292	男性	35 岁左右
M293	男性	—
M299	女性	35~39 岁
M300	女性	31~34 岁
M1400	男性	—
M1404	男性	50 岁
M1405	女性	20~23 岁
M1406	女性	45~50 岁
M1408	女性?	31~34 岁
M1412	男性	29~30 岁
M1413	女性	25~30 岁
M1414	女性	45~50 岁
M1416	男性	45~50 岁

Abstract

Liangdaicun archaeological site and burial area are located at north Liangdaicun, 7,000 meters northeast to Hancheng City of Shaanxi Province. It reaches the Yellow River in the east. In the autumn and winter of 2004, Hancheng Municipal Cultural Relics and Tourism Bureau discovered ancient burials in the site. After that, Shaanxi Academy of Archaeology, Weinan Municipal Institute of Cultural Relics Conservation and Archaeology, and Hancheng Municipal Cultural Relics and Tourism Bureau jointly formed a Hancheng Archaeological Team and conducted three large-scale excavations in Liangdaicun archaeological site and burial area, achieving significant results. This report presents the complete archaeological results from the third excavation.

I. Archaeological Exploration

The exploration of Liangdaicun cemetery was carried out in two phases. The first phase was conducted from April to July 2005,which resulted in the discovery of a total of 109 tombs during the Western and Eastern Zhou Dynasties. The second phase spanned from March to July 2006, which discovered an additional 1,181 tombs from the same period. At this juncture, the Archaeological Team has essentially delineated the distribution range and ascertained the specific number of tombs within the Rui State Cemetery in Liangdaicun. The 1,290 tombs discovered during these two phases were categorized into three grades according to their forms and scales.

a) There are a total of 7 tombs in the first grade, with coffin chambers exceeding 5 meters in length and over 6 meters in depth. The occupants of these tombs are presumed to be of the rank equivalent to state rulers or their consorts.

b) There are a total of 91 tombs in the second grade, with coffin chambers exceeding 3 meters in length and typically over 6 meters in depth. The occupants of these tombs are believed to have belonged to the scholar-bureaucrat aristocracy.

c) There are a total of 1192 tombs in the third grade, with coffin chambers less than 3 meters in length. The occupants of these tombs are identified as commoners.

II. Excavation Results

Approved by the National Cultural Heritage Administration, the Archaeological Team conducted rescue excavations for 2 large-scale tombs, 1 medium-scale tomb, and 24 small-scale tombs in the northern part of the cemetery from December 2008 to February 2010. These tombs had never been intruded, and the excavation obtained fruitful result.

1. M560

M560 is a large tomb with a layout resembling the Chinese character "*Jia* 甲" (elongated with rectangular block at one end), with a tomb passage of 12.35 meters in length and 2.46 meters in width, and a coffin chamber of 4.85 meters in length and 3.2 meters in width. The burial is with one outer coffin and two inner coffins. The burial is an extended supine burial. After on-site identification by experts, the tomb occupant was determined to be male, approximately 45 years of age. Around M560, a total of 4 sacrificial pits were discovered, containing dog skeletons, stone flakes, and shell fragments, among other items. The burial goods were mostly placed between the outer coffin and the inner coffins as well as inside the inner coffins, and were generally well-preserved. Between the outer coffin and the inner coffins, there were mostly bronze ritual objects, tools, chariot fittings, and a large number of bone and shell tools. Among them, 8 pieces of oracle bones were particularly noteworthy. A small amount of jade was found in the inner coffin, placed on various parts of the tomb occupant's body. The ankles on both sides were decorated with string ornaments made of cowrie shells, which were relatively rare.

2. M33

M33 is also a large tomb with a layout resembling the Chinese character "*Jia* 甲" (elongated with rectangular block at one end), with a tomb passage of 16 meters in length and 3.1-3.3 meters in width, and a coffin chamber of 6.3 meters in length and 5 meters in width. The burial is with one outer coffin and two inner coffins. The burial is an extended supine burial. After on-site identification by experts, the tomb occupant was determined to be female, aged between 25 and 35. There were relatively few burial goods in the tomb. They basically consisted of two categories: the jade worn by the tomb occupant and the components of the coffin cover. No bronze ritual objects were found.

3. M300

M300 is a medium tomb, with a length of 5.1 meters and a width of 3.8 meters. The burial is with one outer coffin and two inner coffins. The burial is an extended supine burial. After on-site identification by experts, the tomb occupant was determined to be female, aged between 31 and 34. The burial goods are of various functions and types, generally divided into two categories: bronze objects and jade. The bronze objects were mostly placed between the outer coffin and the inner coffins, while the jade was mostly placed inside the inner coffin. There are 5 items of 4 types of bronze ritual objects, namely *ding* (a type of tripod for cooking, usually with three legs), *gui* (bowl usually round used as container for food), *pan* (wide shallow bowl usually with a high foot rim and two handles for lifting), and *yi* (water container usually with a spout at the front and a handle at the back). Four of them are inscribed with rich and detailed characters. The inscriptions including "*Jinhou zuo Shishi Ji gui* (Jin Marquis made the *gui* to Shishi Ji, a member of the Ji Clan)…", "*Liaobai zuo zun gui* (Liao Count made the *gui*)…", "*Jinji zuo zhu lv pan yi* (Jinji made and cast the *pan* and *yi*)…", etc., which were discovered for the first time in Liangdaicun Cemetery. These inscriptions provided extremely important written evidence for the study of the cultural relations between the Rui and Jin States, as well as between the Rui and Liao States. The jade objects mainly include 4 sets of jade pendants. In particular, the trapezoidal pendant set is made of materials such as jade, agate, glassware, jet, cowrie shells, and bronze wares. The richness of the materials is the first discovery among the combination set of jade pendants in the Western and Eastern Zhou dynasties in China.

4. Small-scale Tombs

A total of 24 small tombs were excavated. These tombs were constructed as rectangular vertical earthen pits with a length of less than 3 meters. Most of them had no burial equipment or only had one inner coffin. The burial was mainly extended supine burial.On-site identification by experts revealed that the skeletal remains were evenly distributed between males and females in terms of gender, with age groups predominantly falling into two ranges: 20 to 35 years old and 45 to 50 years old. Among them, burial goods were found in 20 tombs, though the quantity was relatively limited. These items primarily consisted of pottery, stone, bone, and shell artifacts, reflecting that the tomb occupants were likely commoners of ordinary status.

III. Excavation Significance

1. The excavation work of Liangdaicun in 2009 was concentrated in the northern part of the cemetery. The pottery wares such as *li* (a type of cauldron similar to tripods but with hollow legs) and *guan* (jar) unearthed from the small-scale tombs, the bronze ritual objects such as *ding, gui, pan, yi* and so on unearthed from the large and medium-scale tombs, as well as the jade objects like trapezoidal plaques, ribbon-tied plaques, zoomorphic faces, silkworms etc. All are similar in form to those from the mid-to-late Western Zhou period unearthed at sites such as Fenghao and Zhouyuan, indicating that the tombs excavated in this phase likely date to the late Western Zhou period.

2. The large tombs M560 and M33 were arranged side by side from east to west, with a distance of 8 meters between them. The tombs were oriented northeast-southwest, and the heads of the tomb occupants faced north. According to expert identification, the occupant of M560 was male, while the occupant of M33 was female. This arrangement is consistent with the grouping and side-by-side placement of M27 (Duke Huan of Rui) and M26 (Consort of Duke Huan) excavated in the southern part of the cemetery. Therefore, M560 and M33 represent the earliest group of husband-and-wife joint burial tombs at the state ruler level discovered in Liangdaicun.

3. The exploration of Liangdaicun Cemetery revealed a total of 1,290 tombs dating to the Western and Eastern Zhou periods, most of which were small to medium-scale, while only 7 large tombs belonged to the rank of the Duke of Rui and his consort. There were 2 groups of tombs in the northern part, with a total of 3 (M560 and M33 as one group; M502 as another), and 2 groups of tombs in the southern part, with a total of 4 (M27, M26, and M19 as one group; M28 as another). These large tombs were concentrated in the southern and northern areas of the cemetery, with no

exclusive cemetery area established. Therefore, Liangdaicun Cemetery might be in a transitional period from the Royal Cemetery System to the State Cemetery System.

4. The three excavations in Liangdaicun Cemetery unearthed not only a large number of bronze objects made by the Rui State itself but also foreign bronze ritual objects such as *Bibo ding, Guoji ding, Deng gui, Jinhou gui, Liaobo gui, Jinji pan,* and *Jinji yi*. These discoveries highlight the cultural and political interactions between the Rui State during the late Western Zhou Dynasty and other feudal states, including the Bi Clan of the Yellow River Basin, the Guo State, the Jin State, and the Liao State in the Huai River Basin.

In conclusion, the scientific excavation and its substantial results in Liangdaicun Cemetery have provided extremely important information on the study on the funerary practice, systems stipulating the use of vessels, and external exchanges of Rui State of Zhou period.

（英文翻译：梁璟怡）

后　记

《梁带村芮国墓地——2009 年度发掘报告》即将问世，它是多家单位友好合作的成果。参加 2009 年度发掘工作的单位有陕西省考古研究院、渭南市文物保护考古研究中心、韩城市景区管理委员会。

参与报告资料整理和文物修复的人员有孙秉君、刘军、程蕊萍、同学猛、王仲林、庞有学、权敏、刘银怀、孙雪松、屈麟霞、马强、刘启良、陈江峰、石文刚等。铜器、玉器的除锈和修复保护工作由路智勇、邵安定、黄晓娟、宋俊荣等完成。发掘资料的汇总与制表工作由孙雪松完成。绘图工作由程蕊萍、屈麟霞完成。铭文和纹饰的拓印工作由李建峰、谢海元、李孔融完成。遗迹照片由孙秉君、李恭、陈建凌拍摄。器物照片由张明惠、李钦宇、石磊拍摄。

本报告编写由孙秉君、梁璟怡、庞子涛、庞有学承担。孙秉君撰写第一章、第六章，庞子涛撰写第二章，梁璟怡撰写第三章、第四章，庞有学撰写第五章，最后由孙秉君统稿。陕西省考古研究院前后两任院长孙周勇、种建荣对报告的编写给予了大力支持并提出许多指导性意见，丁岩主任亦多有协调支持。报告中人骨测量与鉴定由西北大学陈靓老师完成，M560 出土卜骨钻灼辨识、年代判断等问题由陕西省考古研究院牛海茹博士完成，M300 出土铜器铭文的释读与研究由北京大学中国语言文学系董珊教授完成，英文提要由陕西省考古研究院梁璟怡翻译。文物出版社责任编辑黄曲女士对本报告的编辑出版付出了艰辛劳动。

发掘期间，陕西省文物局局长赵荣先生、副局长刘云辉先生，北京大学考古文博学院李伯谦教授、刘绪教授、徐天进教授、雷兴山教授，陕西省考古研究院院长王炜林研究员、王占奎研究员曾多次到发掘现场指导。渭南市文物局局长成江海、副局长张户宪、文物科科长李国栋、韩城市人民政府副市长兼景区管理委员会主任周甲午、韩城市文物旅游局局长薛兵旗以及王仲林、梁怀玉、梁存生同志，梁带村遗址文管所所长庞有学及十余位同志积极协助考古队开展工作，解决了许多实际问题。梁带村村委会提供诸多帮助。陕西省武警总队第二支队 13 名干部战士以及韩城市昝村派出所多名干警日夜执勤，保证了发掘现场的文物安全。

在此，我们一并表示诚挚的感谢！

编者

2024 年 12 月 4 日

1. 墓地地貌（东—西）

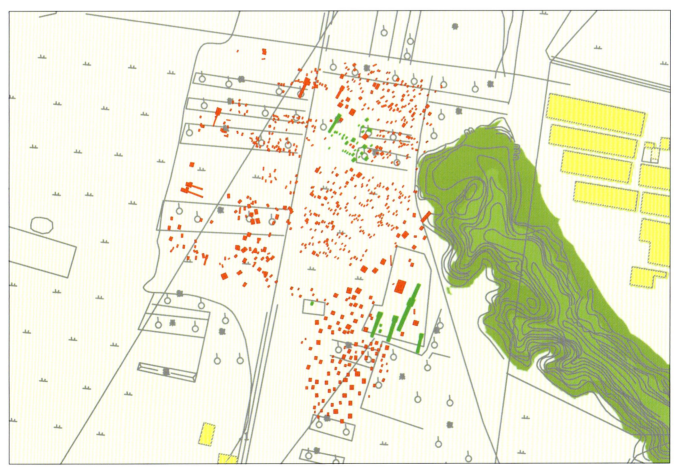

2. 墓地范围

图版一　梁带村墓地地貌与墓地范围

1. Ⅰ区墓葬发掘区实景（东—西）

2. Ⅱ区墓葬发掘区实景（北—南）

图版二　Ⅰ区、Ⅱ区墓葬发掘区实景

1. M560墓口初现（北—南）

2. M560现场安保（南—北）

图版三　M560发掘伊始

1. 墓道出土玉璧

2. 墓室椁底板下狗骨架
（上为东北）

图版四　M560发现玉璧、狗骨架

1. M560K1（西北—东南）

2. M560K3（东—西）

图版五　M560墓道东侧祭祀坑

1. M560K2（西北—东南）

2. M560K4（东北—西南）

图版六　M560墓道上方祭祀坑

1. 椁盖板

2. 椁底板

图版七　M560椁板

1. 西侧盖板上席纹

2. 盖板西南角席纹

图版八　M560椁室盖板席纹

1. 棺罩木架痕迹

2. 西侧荒帷局部

3. 西南角荒帷局部

4. 东侧荒帷局部

5. 东侧荒帷局部

图版九　M560棺罩木架及荒帷遗迹

1. 内棺、外棺底板

2. 内棺、外棺底板解剖

图版一〇　M560内棺、外棺底板

1. 外棺棺束

2. 外棺棺束局部

图版一一　M560外棺棺束

1. 墓主骨架（左为北）

2. 织物痕迹

3. 织物痕迹

图版一二　M560墓主骨架及身下织物痕迹

1. 棺椁之间器物现场出土情况

2. 椁室南端铜器现场出土情况

图版一三　M560棺椁之间器物现场出土情况

1. 椁室东侧铜戈（M560：77）现场出土情况

2. 椁室西侧铜戈（M560：88）现场出土情况

3. 椁室东南角铜弓与箭箙现场出土情况

4. 椁室东南角铜镞与骨镞现场出土情况

5. 椁室东南角铜矛、凿与刻刀现场出土情况

6. 椁室东南部铜车軎现场出土情况

图版一四　M560椁室铜兵器、工具、车器等现场出土情况

1. 椁室东北角铜车器与棺饰
现场出土情况

2. 铜络饰（M560：25）现场出土情况

3. 铜络饰（M560：10、66）现场出土情况

4. 铜络饰（M560：74）现场出土情况

5. 椁室西侧卜骨现场出土情况

图版一五　M560椁室器物现场出土情况

1. 椁室东侧玉端饰等现场出土
情况

2. 墓主右手玉握现场出土情况

3. 墓主胸部玉璧、蚕形佩、柄形器等现场出土情况

4. 内棺玉器现场出土情况

图版一六　M560椁室与内棺玉器现场出土情况

1. 全器

2. 器外底

图版一七　M560出土铜鬲（M560：41）

1. 全器

2. 器内

3. 器外底

图版一八　M560出土铜甗（M560：44）

1. 全器

2. 器内

3. 器外底

图版一九　M560出土铜鼎（M560：36）

1. 全器

2. 器外底

图版二〇　　M560出土铜鼎（M560：35）

1. 全器

2. 器外底

图版二一　M560出土铜簋（M560：37）

1. 全器

2. 器外底

图版二二　M560出土铜簋（M560：38）

1. 全器

2. 器外底

图版二三　M560出土铜盘（M560：40）

1. A面

2. B面

图版二四　M560出土铜盉（M560：39）

1. 尊（M560：43）

3. 爵（M560：42）

2. 尊（M560：43）器外底

4. 爵（M560：42）器外底

图版二五　　M560出土铜尊、爵

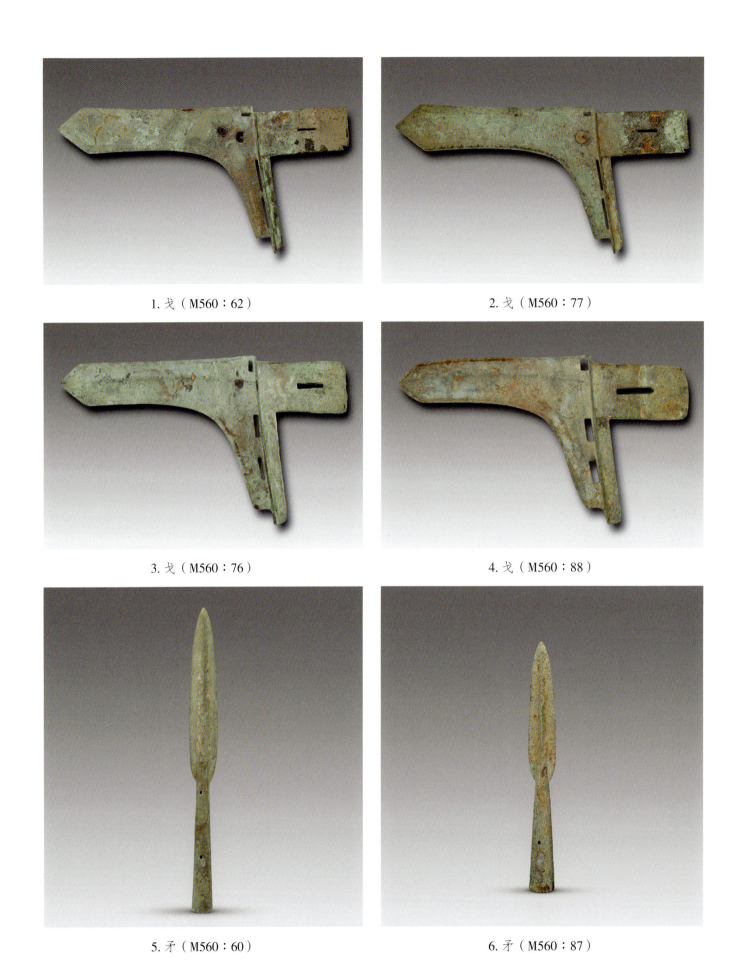

1. 戈（M560：62）

2. 戈（M560：77）

3. 戈（M560：76）

4. 戈（M560：88）

5. 矛（M560：60）

6. 矛（M560：87）

图版二六　M560出土铜戈、矛

1. 弓帽（M560：50）

2. 弓帽（M560：51）

3. 镞（左上至右下：M560：19-1~19-16、17-1、17-2、18-1~18-5）

4. 镞（M560：17-1、17-2）

5. 镞（M560：16-1~16-5）

图版二七　M560出土铜弓帽、镞

1. 凿（M560：52）　　　　　2. 凿（M560：54）　　　　　3. 削（M560：11）

4. A型刻刀（M560：55）　　　　　　　5. A型刻刀（M560：56）

6. A型刻刀（M560：57）　　　　7. A型刻刀（M560：58）　　　　8. B型刻刀（M560：59）

图版二八　　M560出土铜工具

1. 軎（M560：68）

2. 軎（M560：68）端面

6. 辖（M560：47-1、47-2）

3. 軎（M560：69）

4. 軎（M560：69）端面

7. 辖（M560：47-3、47-4）

5. 軎（M560：70）

8. 辖（M560：47-5）

图版二九　M560出土铜軎、辖

1. 大銮铃（M560：14-1）正面   2. 大銮铃（M560：14-1）背面

3. 大銮铃（M560：14-5）正面   4. 大銮铃（M560：14-5）背面

图版三〇　M560出土铜銮铃

1. 小銮铃（M560：14-6）正面

2. 小銮铃（M560：14-6）背面

3. 衔镳（M560：66-1）

4. 衔镳（M560：21）

图版三一　M560出土铜銮铃、衔镳

1. M560：25

2. M560：74

3. M560：10

4. M560：66

图版三二　M560出土铜络饰

1. M560：66-2正面

2. M560：66-2背面

3. M560：25-2正面

4. M560：25-2背面

5. M560：74-2正面

6. M560：74-2背面

图版三三　M560出土铜"X"形节约

1. M560：66-3正面

2. M560：66-3背面

3. M560：25-3正面

4. M560：25-3背面

5. M560：74-3正面

6. M560：74-3背面

图版三四　M560出土铜兽面纹"十"字形节约

1. M560：66-4正面

2. M560：66-4背面

3. M560：25-4正面

4. M560：25-4背面

5. M560：74-4正面

6. M560：74-4背面

图版三五　M560出土铜蝉纹"十"字形节约

1. 有穿带扣（M560：45）

5. 策（M560：96）

6. 策（M560：73-1）

2. 有穿带扣（M560：65）

7. 策（M560：73-2）

8. 策（M560：73-3）

3. 无穿带扣（M560：71）

9. 大环（M560：89-1、89-2、89-5）

4. 无穿带扣（M560：67）

10. 小环（M560：89-3、89-4）

图版三六　M560出土铜马器

1. 翣（M560：8-2）现场出土情况

3. 小铃（M560：22-1~22-6）

2. 钉（M560：24）

4. 小铃（M560：22-1）

5. 小铃（M560：22-5）

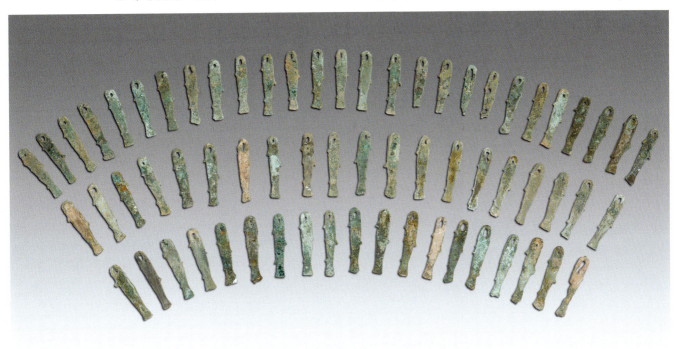

6. 鱼（M560：1~7）

图版三七　M560出土铜棺饰

1. M560：28

2. M560：82A面

3. M560：82B面

图版三八　　M560出土玉璧

1. 鱼形佩（M560：78）　　　　　2. 蚕形佩（M560：26）　　　　3. 铲（M560：32）

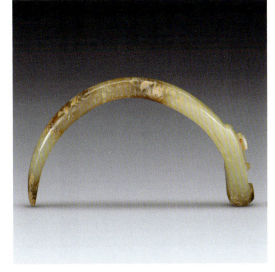

4. 龙形觽（M560：31）　　　　5. 龙形觽（M560：80）　　　6. 龙形觽（M560：80）
局部特写

7. 龙形觽（M560：81）A面　　　　　　8. 龙形觽（M560：81）B面

图版三九　M560出土玉佩、铲、觽

1. 柄形器（M560：79）A面

2. 柄形器（M560：79）B面

5. 端饰（M560：33）

6. 端饰（M560：33）特写

3. 柄形器（M560：27）A面

4. 柄形器（M560：27）B面

7. 方管（M560：34）

图版四〇　　M560出土玉柄形器、端饰、方管

1. 口琀玉（M560：83）

2. 口琀海贝（M560：84）

3. 脚踝饰海贝（M560：85、86）

4. 左手玉握（M560：29）

7. 右手玉握（M560：30）

5. 玉握（M560：29）上端穿孔

6. 玉握（M560：29）下端穿孔

8. 玉握（M560：30）上端穿孔

9. 玉握（M560：30）下端穿孔

图版四一　M560出土殓玉（含海贝）

1. 圭（M560：49）

2. 砺石（M560：12-1~12-7）

3. 砺石（M560：12-1）

4. 砺石（M560：12-2）

5. 砺石（M560：12-3）

图版四二　M560出土石圭、砺石

1. 泡（M560：64-1~64-12）

2. 大贝（M560：2、4~6）

3. 小贝（M560：2、4~6）

图版四三　M560出土石泡、贝

1. 镞（M560：93-1~93-7）

2. 锥（M560：15）

3. 鹿角（M560：61）

4. 方管（M560：91-5、91-4）

5. 圆管（M560：填2）

6. 骨器（M560：23）

7. 小腰（M560：92）

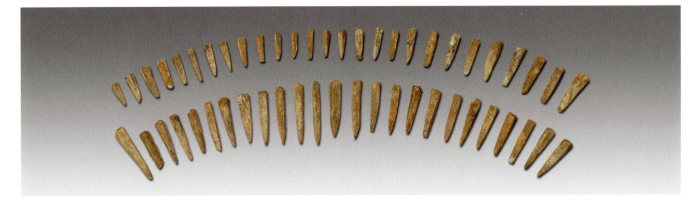

8. 钉（M560：24-1~24-52）

图版四四　M560出土骨器

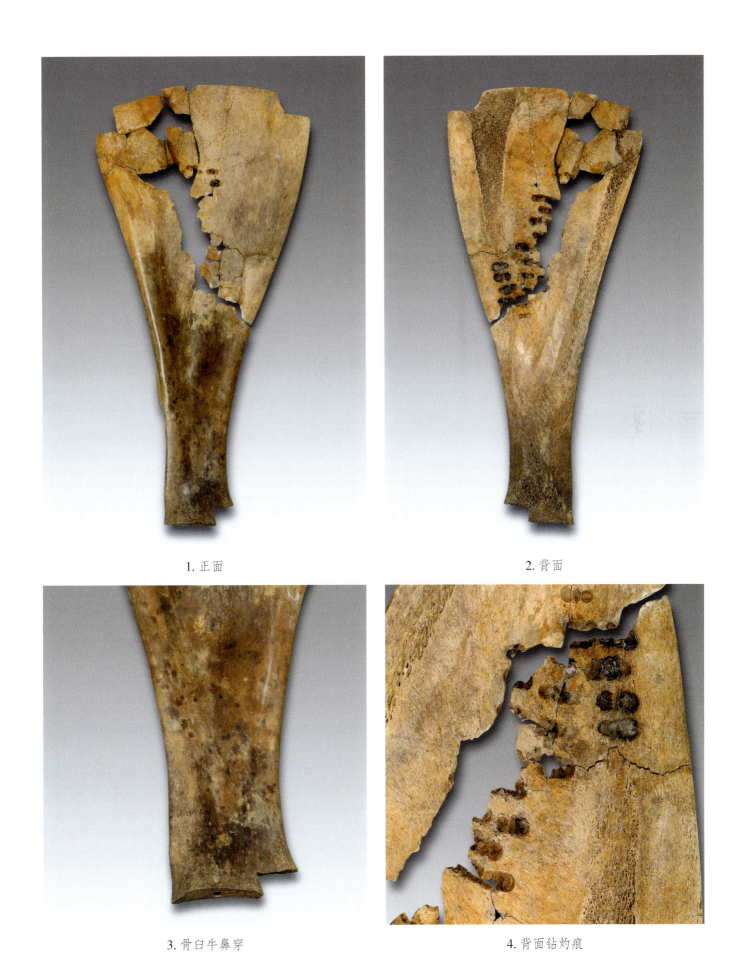

1. 正面

2. 背面

3. 骨臼牛鼻穿

4. 背面钻灼痕

图版四五　M560出土卜骨（M560：48-1）

1. 正面

2. 背面

3. 骨臼穿孔

4. 背面钻灼痕

图版四六 M560出土卜骨（M560：48-2）

1. 正面

2. 背面

3. 骨臼穿孔

4. 正面钻灼痕

图版四七　M560出土卜骨（M560：48-3）

1. 正面

2. 背面

3. 正面钻灼痕

4. 骨臼牛鼻穿

图版四八　M560出土卜骨（M560：48-4）

1. 正面

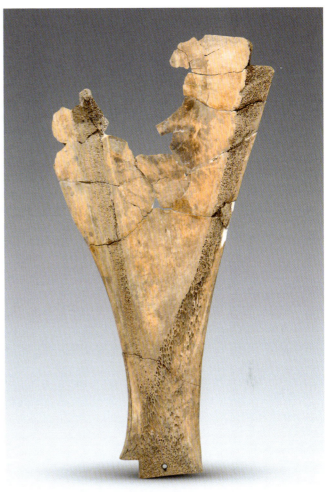

2. 背面

3. 正面钻灼痕

4. 骨臼穿孔

图版四九　M560出土卜骨（M560：48-5）

1. 正面

2. 背面

3. 骨臼穿孔

4. 背面灼痕

图版五〇　M560出土卜骨（M560：48-6）

1. 正面

2. 背面

3. 正面钻灼痕

4. 骨臼牛鼻穿

图版五一　M560出土卜骨（M560：48-7）

1. 正面

2. 背面

3. 正面钻灼痕

4. 骨臼牛鼻穿

图版五二　M560出土卜骨（M560：48-8）

1. 蛤蜊壳（M560：4~7）外面

2. 蛤蜊壳（M560：4~7）里面

3. 蚌贝（M560：6）

4. 蚌片与石片（M560K2出土）

5. 石片（M560K2：1）

6. 石片（M560K2：6）

7. 蚌片（M560K2：10）

图版五三　M560和M560K2出土石、蚌器

1. 墓口初现（东—西）

2. 发掘伊始（西南—东北）

图版五四　M33发掘现场

1. 椁盖板

2. 椁底板

图版五五　M33椁板

1. 东北角席纹

2. 中东部席纹

图版五六　M33椁底板席纹

1. 椁室荒帷痕迹

2. 椁室北部荒帷痕迹

3. 椁室东侧荒帷痕迹

4. 椁室东侧荒帷痕迹

5. 椁室东侧荒帷痕迹

图版五七　M33椁室荒帷痕迹

1. 铜翣、棺饰现场出土情况

2. 铜翣（M33：2-2）下草编痕迹

图版五八　M33铜翣、棺饰等现场出土情况

1. 外棺底板全景

2. 外棺底板北端特写

图版五九　M33外棺底板

1. 外棺棺束（细）

2. 外棺棺束（粗）

3. 棺西侧板布纹痕迹

图版六〇　M33外棺棺束和布纹痕迹

1. 内棺底板

2. 内棺棺束

图版六一　M33内棺底板和棺束

1. 墓主骨架及随葬玉器

2. 随葬玉器特写

3. 墓主骨架下织物痕迹

图版六二　M33墓主及玉器、殓衣随葬情况

1. 翣（M33：2-1）

2. 翣（M33：2-2）

3. 翣（M33：2-3）

4. 板（M33：5）

5. 鱼（M33：22-1~22-16）

图版六三　M33出土铜棺饰

1. 铜铃（M33：3-1~3-15）

2. 玉琮（M33：10）

3. 玉牌饰（M33：16）正面

4. 玉牌饰（M33：16）背面

5. 玉圭（M33：4）

图版六四　M33出土铜铃与玉琮、圭、牌饰

1. M33：11、13的A面

2. M33：11、13的B面

3. M33：12、14的A面

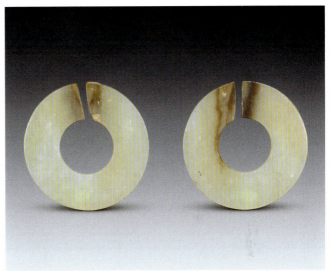

4. M33：12、14的B面

5. M33：填1的正面

6. M33：填2的背面

图版六五　M33出土玉玦

1. 口琀鱼（M33：：19）修复前

5. 左手握（M33：17）

6. 左手握（M33：17）A端

2. 口琀鱼（M33：：19）修复后

7. 左手握（M33：17）B端

3. 口琀玉饰（M33：15）A面

9. 右手握（M33：18）A端

8. 右手握（M33：18）

4. 口琀玉饰（M33：15）B面

10. 右手握（M33：18）B端

图版六六　M33出土殓玉

1. 石贝（M33：22）　　　　　　　　　　　　　2. 蚌圭（M33：7）

3. 骨泡（M33：6-14~6-18）

4. 蚌泡（M33：6-1~6-13）

5. 蚌壳（M33：8-1~8-4）

6. 蚌饰（M33：8-7）

图版六七　　M33出土石、骨、蚌器

1.墓室全景（上为东）

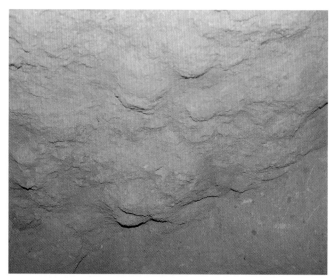

2.椁室东侧填土夯窝

3.椁室南侧填土夯窝

图版六八　M300墓室及填土夯窝

1. 椁盖板

2. 椁底板

图版六九　M300椁板

1. 东侧板

2. 西侧板

图版七〇 M300椁侧板

1. 西侧板席纹

2. 西侧底板席纹

图版七一　M300椁室席纹

1. 南端板

2. 北端板

图版七二　M300椁端板

1. 铜翣现场出土情况

2. 铜翣（M300：38）现场出土情况

图版七三　M300椁室西侧铜翣现场出土情况

图版七四　M300椁室饰棺串饰组件铜鱼现场出土情况

1. 外棺盖板西北角荒帷痕迹

2. 椁室西侧偏北荒帷痕迹

3. 椁室西侧中部荒帷痕迹

4. 椁室西侧偏南荒帷痕迹

图版七五　　M300椁室荒帷痕迹

1. 外棺底板

2. 外棺内草垫痕迹

3. 外棺棺束

图版七六　M300外棺遗迹

1. 内棺底板

2. 内棺棺束

图版七七　M300内棺遗迹

（上为北）

图版七八　M300铜礼器现场出土情况

1. 木豆痕迹

2. 陶罐残片

3. 铜鍪现场出土情况

4. 大、小铜盒现场出土情况

5. 玉柄形器及蚌饰现场出土情况

图版七九　M300器物现场出土情况

图版八〇　M300内棺玉器现场出土情况

1. 全器

2. 全器

3. 器内底

4. 器外底

图版八一　M300出土铜鼎（M300：33）

1. 全器

2. 盖铭

3. 器铭

图版八二　M300出土铜簋（M300：31）

1. 全器

3. 盖铭

2. 器盖

4. 器铭

图版八三　M300出土铜簋（M300：32）

1. 盘（M300：34）

2. 盘（M300：34）铭

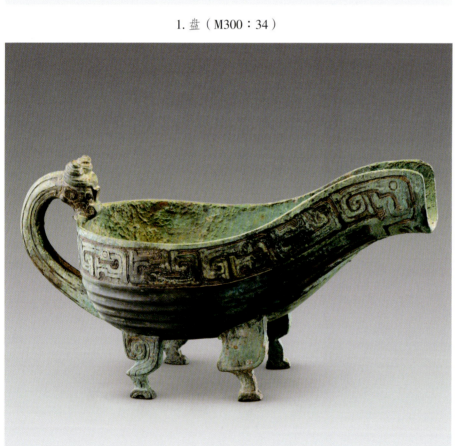

3. 匜（M300：35）

4. 匜（M300：35）铭

图版八四　M300出土铜盘、匜

1. 小罐（M300：26）

2. 小罐（M300：26）器内

3. 盉（M300：29）

4. 盉（M300：29）

5. 盉（M300：29）盖

6. 盉（M300：29）外底

图版八五　M300出土铜弄器——小罐、盉

1. 大铜盒（M300：15）出土场景

2. 小铜盒（M300：16）出土场景

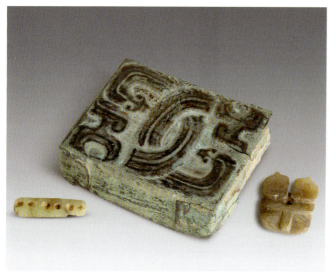

3. 小铜盒（M300：16）及内装玉器

4. 小铜盒（M300：16）底面

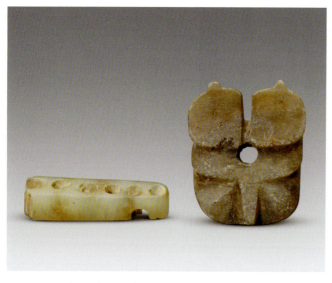

5. 残玉料、玉兽面（M300：16-2、16-1）

6. 玉尖状器（M300：15-1）

图版八六　M300出土铜盒及内装玉器

1. 翣（M300∶36）

2. 翣（M300∶37）

3. 翣（M300∶38）

4. 翣（M300∶39）

5. 小铃（M300∶20-1）

6. 小铃（M300∶20-2）

7. 鱼（M300∶42-1a、45-8a）

8. 泡（M300∶22）

图版八七　M300出土铜棺饰、泡

图版八八　M300梯形牌组玉佩（M300：14组）出土场景

图版八九　M300出土梯形牌组玉佩（M300：14组）

1. 正面

2. 背面

3. 上端穿孔

4. 下端穿孔

图版九〇　M300出土梯形牌组玉佩组件——梯形玉牌（M300：14-1）

1. B型（M300：14-520）

2. B型（M300：14-514）

3. B型（M300：14-517）

4. B型（M300：14-516）

5. C型（M300：14-515）

6. C型（M300：14-518）

图版九一　M300出土梯形牌组玉佩组件——玉管

图版九二　M300出土玉牌项饰（M300：8组）

1. 方形牌（M300：8-1）正面

2. 方形牌（M300：8-1）背面

3. 束绢形牌（M300：8-2）正面

5. 束绢形牌（M300：8-3）正面

7. 束绢形牌（M300：8-4）正面

4. 束绢形牌（M300：8-2）背面

6. 束绢形牌（M300：8-3）背面

8. 束绢形牌（M300：8-4）背面

图版九三　M300出土玉牌项饰组件——方形玉牌、束绢形玉牌

1. M300：8-5正面

2. M300：8-5背面

3. M300：8-6正面

4. M300：8-6背面

5. M300：8-7正面

6. M300：8-7背面

图版九四　M300出土玉牌项饰组件——束绢形玉牌

1. 左臂臂饰（M300：11组）

3. 玉贝（M300：11-2、11-3）

4. 玉蚕（M300：11-4、11-5）

2. 玉兽面（M300：11-1）

5. 玉蚕（M300：11-6、11-7）

图版九五　M300出土左臂臂饰（M300：11组）及组件

1. 右臂臂饰（M300：10组）

2. 玉牌（M300：10-1）

3. 玉贝（M300：10-2）

4. 玉蚕（M300：10-3、10-4）

5. 玉龟（M300：10-6、10-5）

图版九六　M300出土右臂臂饰（M300：10组）及组件

1. 玦（M300：6）正面

2. 玦（M300：6）背面

3. 玦（M300：7）正面

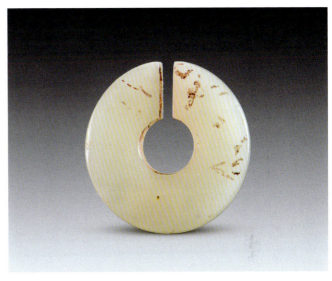

4. 玦（M300：7）背面

5. 瑗（M300：17）A面

6. 瑗（M300：17）B面

图版九七　M300出土玉玦、瑗

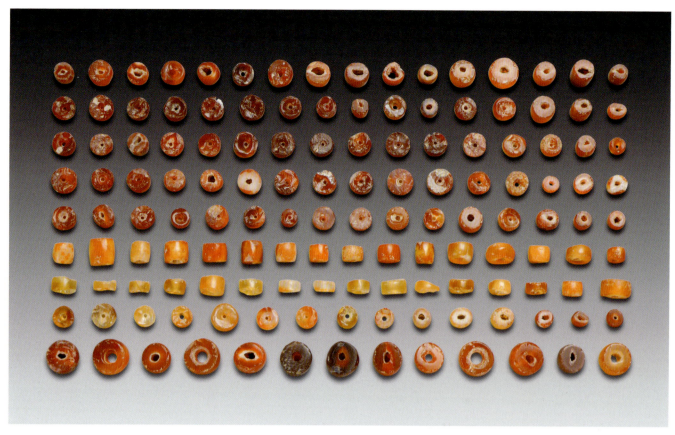

1.玛瑙珠（M300：19-1~19-140）

2.绿松石管珠（M300：19-141~19-187）

图版九八　M300出土玛瑙珠与绿松石管珠

1. 柄形器（M300：3）

2. 喇叭形饰（M300：23）

3. 管（M300：18）

4. 残片（M300：4）

5. 口琀（M300：9-1~9-8）

图版九九　M300出土玉柄形器、喇叭形饰、管等

1. 圭（M300：24）

2. 圭（M300：30）

3. 方管（M300：21）

图版一〇〇　M300出土石圭、方管

1. 骨钉（M300：27）

2. 蚌片（M300：5）

3. 左手手握海贝（M300：12）

4. 右手手握海贝（M300：13）

图版一○一　M300出土骨钉、蚌片、海贝

2. 海螺（M300：25）

1. 饰棺海贝（M300：21）

3. 棺罩西二组饰棺串饰（M300：45-1~45-21）

图版一〇二　M300出土饰棺海贝、串饰和海螺

1. 玉片（M528：10-1~10-5、11-1~11-7）

2. 兽形玉片（M528：10-1）

4. 石圭（M528：8）

3. 长条形玉片（M528：11-1）

5. 石圭（M528：7）

图版一〇三　M528出土玉片、石圭

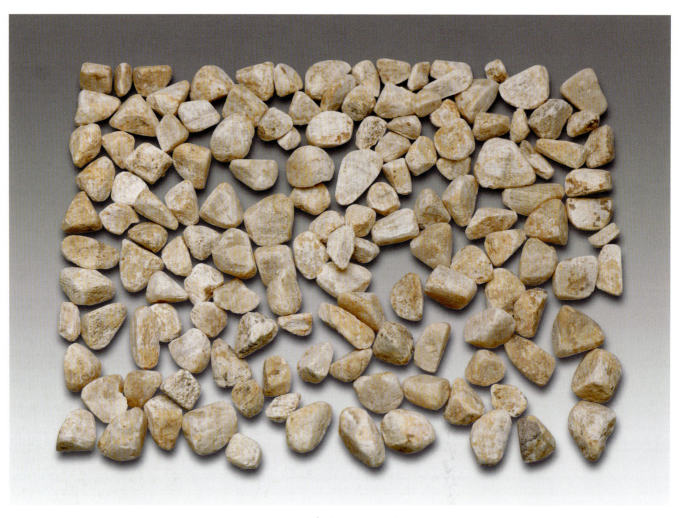

1. 石口琀（M528：18）

2. 小陶磬（M528：6-1、6-2、2-1、2-2、1、4-1）

图版一〇四　M528出土石口琀、小陶磬

1. M593（西—东）

2. M1400出土小铜铃（自左向右：M1400：1~5、8）

图版一〇五　M593及M1400出土小铜铃

1. M1401（西北—东南）

2. 石口琀（M1401：3）

3. 蚌刀（M1401：1）

图版一〇六　M1401及出土石口琀、蚌刀

1. 陶罐（M1403：1）

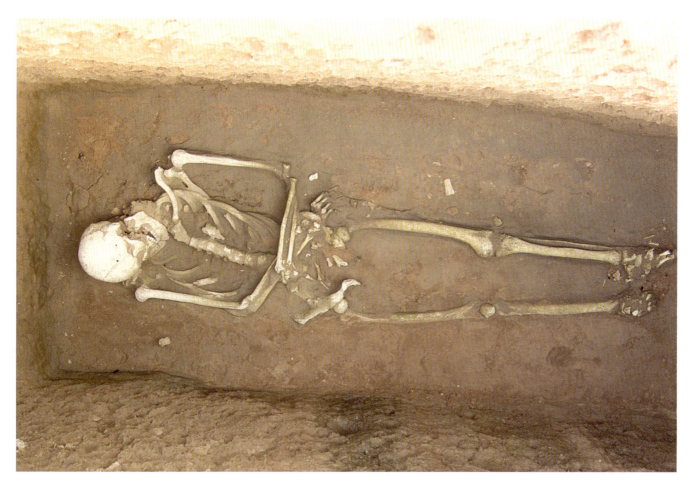

2. M1404（西北—东南）

图版一〇七　M1403出土陶罐及M1404

1. M1405（西北—东南）

2. 陶罐（M1405：1）

3. 陶鬲（M1405：2）

图版一〇八　M1405及出土陶罐、鬲

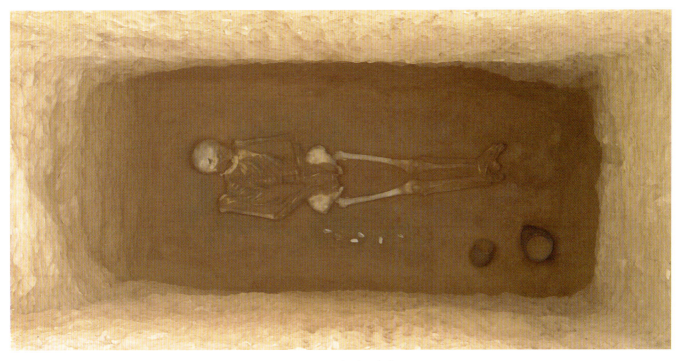

1. M1406（西—东）

2. 陶罐（M1406：1）

3. 陶鬲（M1406：2）

4. 蚌壳（M1406：3~11）

图版一〇九　M1406及出土陶罐、鬲和蚌壳

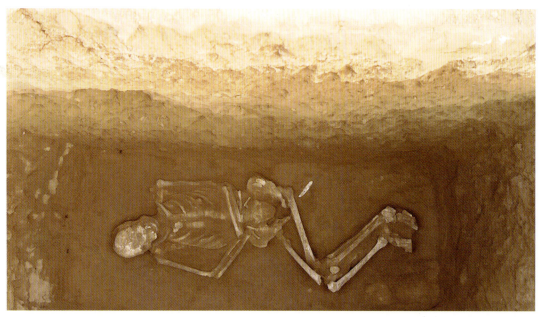

1. M1407（西—东）

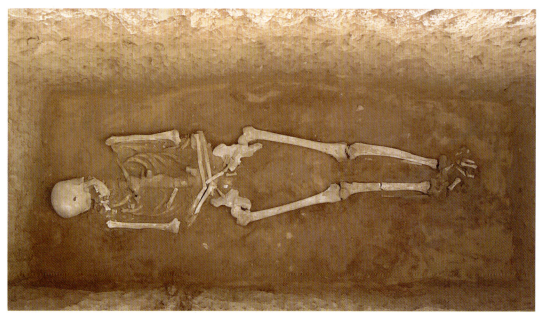

2. M1408（西—东）

3. 蚌铲（M1408：1）

图版一一〇　M1407、M1408及出土蚌铲

1. M1409（东—西）

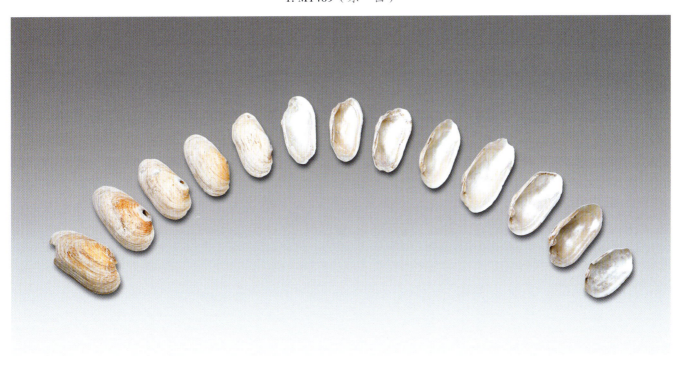

2. 蚌壳（M1409：1~13）

图版一一一　　M1409及出土蚌壳

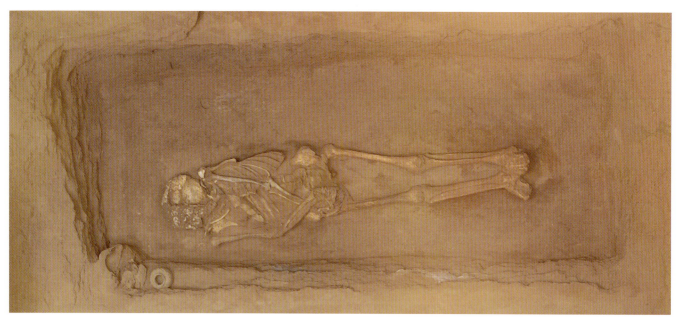

1. M1410（西北—东南）

2. 陶罐（M1410：2）

3. 陶鬲（M1410：1）

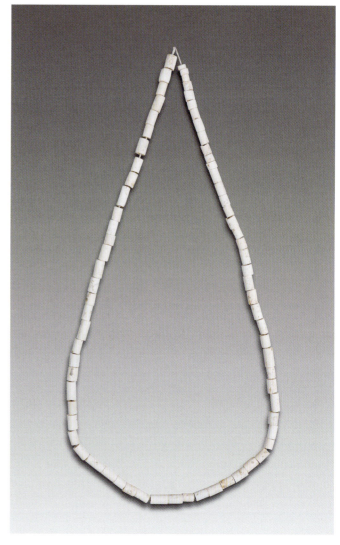

4. 石管项饰（M1410：3）

图版一一二　　M1410及出土陶罐、鬲和石管项饰

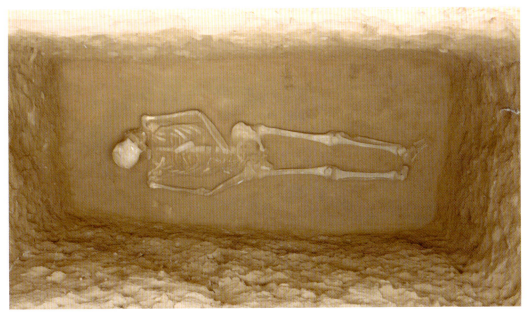

1. M1412（西—东）

2. M1413（西—东）

3. 海螺（M1412：1）

4. 石玦（M1413：1）

5. 石玦（M1413：2）

图版一一三　M1412、M1413及出土海螺和石玦

1. M1414（西北—东南）

2. 铜铃（M1414：2~5）

3. 玉柄形器（M1414：1）

图版一一四　M1414及出土铜铃、玉柄形器

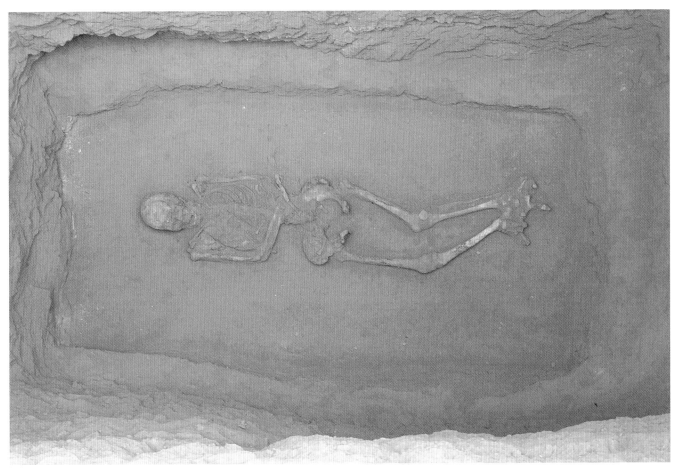

1. M1415（西—东）

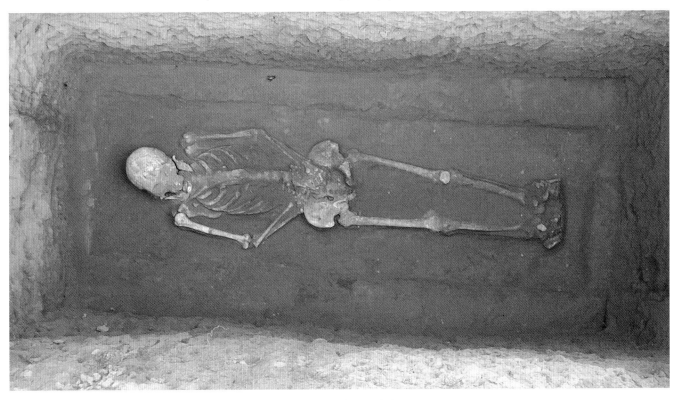

2. M1416（西—东）

图版一一五　M1415、M1416

1. 圭（M291：1）

2. 小璧（M291：3）A面

3. 小璧（M291：3）B面

4. 玦（M291：4、2）

5. 玦（M291：5、6）

图版一一六　　M291出土石器

1. 铜铃（M292∶2）

3. 石玦（M292∶5）A面

4. 石玦（M292∶5）B面

5. 石口琀（M292∶4）

6. 石器（M292∶3）

图版一一七　M292出土铜、石器

1. M297（东—西）

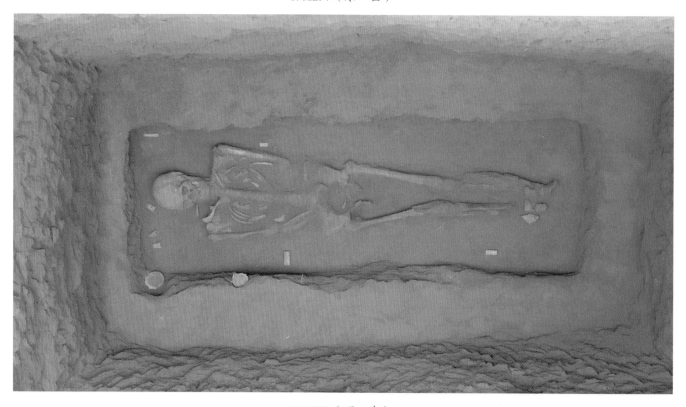

1. M298（西—东）

图版一一八　M297、M298

1. 玉口玲（M297：1）

2. 铜环（M298：8、10、11、14）

3. 铜铃（M298：5~7、13）

4. 铜泡（M298：1）

5. 石坠（M298：9）

6. 骨管（M298：3）

图版一一九　M297、M298出土器物

1. M299（西南—东北）

2. 石玦（M299：1）

3. 石玦（M299：2）

图版一二〇　M299及出土石玦